PEAPにもとづく
認知症ケアのための
施設環境づくり
実践マニュアル

編集
児玉 桂子　古賀 誉章
沼田 恭子　下垣　光

中央法規

「ケア環境を変えたい」と願うあなたのために
―― マニュアルの活用の仕方

　2000年頃から、建築・認知症ケア・心理・調査統計などを専門とする研究者が各地の大学等から集まり、「ケアと環境研究会」の組織のもとに、認知症ケア環境の基礎的な研究を始めました。その後、研究成果を施設の環境づくりに活かしたいという、たちばなホーム（東京都墨田区）の提案がきっかけとなり、施設環境づくりの実践研究へと発展しました。施設環境づくりの取り組みが報道されると、「従来型施設の環境を変えたいが、どうしたらいいかわからない」「環境づくりに取り組んだが頓挫してしまった」「新設施設だが、ケアに環境を十分活かせない」という声が多く寄せられました。そうした声に後押しされ、各分野の研究者のノウハウとケア現場の知恵を結集した研究と実践が精力的にすすめられてきました。このような成果に基づくこのマニュアルは、「ケア環境を変えたい」という認知症ケア現場の願いに応えられるものと思います。

　ここで取り上げた「施設環境づくり」の正式名称は、「認知症高齢者に配慮した施設環境づくり支援プログラム」と呼ばれ、6ステップから構成されます。このマニュアルは、「解説編」と「実践編」に分かれ、「解説編」では6ステップの施設環境づくりの手法を具体的に説明し、すぐに活用できる各種ワークシートが用意されています。「実践編」では、どこの施設でもすぐに取り組める工夫レベルの施設環境づくりから従来型施設のユニット化まで、幅広い実践事例を詳しく紹介しています。あなたの施設の参考になる取り組みが、きっと見つかることでしょう。

　ここでは、「施設環境づくり」について、よく聞かれる質問を取り上げて答えていきましょう。

　まず、「施設環境づくりには、お金がかかるのではないか」「老朽化した施設では、無理ではないか」とよく聞かれます。施設環境の改善は、住み方・使い方の工夫レベル、小物・絵レベル、福祉用具・家具レベル、手すりなど準構造レベル、段差など構造レベルと多様にあります。このマニュアルでは、わずかな費用で大きな効果をもたらす、現場職員の工夫でできる環境改善をたくさん提案しています。したがって、老朽化した狭い施設でも、認知症高齢者に配慮した施設環境づくりは可能です。

　「職員の意識が高い施設でないと、施設環境づくりは難しいのではないか」という質問もよく聞かれます。施設環境づくりの目標は、ケアと環境への職員の気づきを高め、施設の環境を変え、入居者の暮らしやケアを変えることです。この目標の一つである職員への教育効果に着目して、実践編のケース6では施設環境づくりを職員研修に位置づけています。また、ケース4では、開設間もない施設で、施設の暮らしやケアのあり方を具体的に習得する機会として施設環境づくりを活用しました。このように、施設環境づくりを、ま

ず職員の意識変革の機会と位置づけて、徐々に環境を変えていくことも可能です。

　「施設環境づくりは自立度の高い認知症高齢者には効果があるが、重度化したら効果がないのではないか」という質問もよく受けます。実践編のケース7では、精神症状と環境は密接に関係しており、著しい精神症状を伴う認知症の病棟でこそ、それぞれの認知症高齢者にふさわしい環境が重要になると述べています。さらにケース8では、重度の認知症高齢者に対して、個々を取り巻く環境を改善することにより、混乱や不安を取り除き、残存機能を引き出せることを示しました。施設環境づくりは、どのレベルの認知症高齢者にも有効であり、特に環境に翻弄される重度の対象者には大きな効果があります。

　「この手法は、認知症高齢者以外の対象に対して有効か」という質問も最近聞かれるようになりました。現在、知的障害、精神障害、子どもなどの分野で試みられるようになってきました。この施設環境づくり手法を、広く福祉分野に適用し、環境を活かした福祉サービスを普及させることは重要な課題です。

　「施設環境づくり」の普及実績への質問もよく受けます。専門家がサポートをした本格的な取り組みは、東京・埼玉・名古屋・大阪・和歌山・熊本、そして台湾などの各地域で実践されています。施設環境づくりの重要なコンセプトである「PEAP（ピープ）（認知症高齢者への環境支援指針）日本版3」は、国や自治体による各種認知症介護者研修に取り入れられて、大変広く普及し、実践されています。今後、日本国内のみでなく、高齢化を迎えるアジア諸国でも「施設環境づくり」は役立つことでしょう。

　ぜひ、あなたも「施設環境づくり」の第一歩を踏みだし、身近なところから環境を変え、ケアを変え、認知症高齢者の暮らしを変えていきませんか。このマニュアルは、きっとお役に立つことと思います。さらに、最新の情報は環境づくりウェブサイト（http://www.kankyozukuri.com/）を参考にしてください。

2010年6月

編者　児玉桂子　古賀誉章
　　　沼田恭子　下垣　光

**PEAPにもとづく
認知症ケアのための施設環境づくり実践マニュアル・目次**

「ケア環境を変えたい」と願うあなたのために
——マニュアルの活用の仕方

施設環境づくりの目的とすすめ方

1　はじめに／2
2　高齢者施設を取り巻く動向／2
3　施設環境づくりの方向性／3
4　認知症高齢者に配慮した施設環境づくり支援プログラム／5
5　施設環境づくりのねらい／6
6　施設環境づくりの組織づくり／7
7　施設環境づくりの記録／8

解説編

Step1　ケアと環境への気づきを高める …… 10
1　認知症高齢者への環境支援の基本的な考え方／10
2　PEAPの特徴と活用方法／12
3　PEAP日本版3を理解しよう／14

Step2　環境の課題をとらえて、目標を定める …… 29
1　現状を幅広く把握するために、環境の点検を行う／29
2　課題を整理・共有し、環境づくりの目標を定める／35

Step3　環境づくりの計画を立てる …… 42
1　環境づくりの計画立案に向けて／42
2　環境づくりの計画立案に向けての各種シートの活用／42
3　計画立案の実施／46

Step4　環境づくりを実施する …… 51
1　環境づくりの実施に向けての検討／51
2　実施条件の検討シートの記入／51
3　環境づくりの実施／53

Step5　新しい環境を暮らしとケアに活かす …… 59
1　新しい環境を暮らしとケアに活かすには／59

2　新しい環境を暮らしに活かす／59
　　　3　環境を活かしたケアプラン／66

Step6　環境づくりを振り返る　70
　　　1　環境づくりの実践を振り返る／70
　　　2　環境づくりの効果を検証する／74
　　　3　多面的施設環境評価尺度で環境づくりを検証する／79

実践編

Case1　特別養護老人ホームにおける施設環境づくり　88
　　　1　清雅苑における取り組みの経緯と施設の概要／88
　　　2　環境づくりのプロセス／89

Case2　従来型特養におけるユニットケアにふさわしい環境づくり　99
　　　1　暮らしを大切にしたケアの実現に向けた歩み／99
　　　2　ユニット化改修支援プログラム／101
　　　3　ユニット化改修の効果／105
　　　4　施設環境づくりの今後／106

Case3　ショートステイにおける施設環境づくり　108
　　　1　かしわ苑の施設概要と取り組みの経緯／108
　　　2　環境づくりの概要／109
　　　3　かしわ苑の事例の示すもの／119

Case4　グループホームにおける施設環境づくり　121
　　　1　グループホームのケア目標と施設環境づくり／121
　　　2　グループホーム版施設環境づくり支援プログラムの特徴／122
　　　3　グループホーム版による施設環境づくりの実施／123
　　　4　まとめ／128

Case5　認知症対応型デイサービスにおける環境づくり　130
　　　1　施設の特徴とすすめ方／130
　　　2　6ステップの取り組み内容／130
　　　3　今後に向けて／134

Case6　老健施設における施設環境づくり　135
　　　1　老健施設と環境づくり／135
　　　2　環境づくりを成功させるためのポイント／136

Case7　老人性認知症疾患治療病棟における環境づくり　140
　　　1　病棟の特徴／140

2　取り組みの概要／140
　　　3　まとめ／144

Case8　重度認知症高齢者への環境づくり　145
　　　1　はじめに／145
　　　2　事例の紹介／146
　　　3　環境支援の根拠と効果／154
　　　4　まとめ／156

施設環境づくり成功へのキーポイント

　　　1　施設環境づくり支援プログラムの多様な展開／158
　　　2　施設環境づくりの取り組みに活用できる資源／160
　　　3　施設環境づくり成功へのキーポイント／162

おわりに
資料　　キャプションカード 用紙／167
　　　　PEAPにもとづくキャプションカードの分類シート／168
　　　　環境の課題シート／169
　　　　目標設定シート／170
　　　　暮らし方シミュレーション・シート／171
　　　　環境づくりアイディアシート／172
　　　　実施条件の検討シート／173
　　　　環境づくり振り返りシート／174

編者紹介
執筆者一覧

施設環境づくりの
目的とすすめ方

1 はじめに

　高齢者施設は、医療モデルからスタートして、均質で効率的なケアの提供が行われてきましたが、今日では高齢者施設は多くの人が利用する、人生の最終ステージの暮らしの場として、また、ケアのあり方は、これまで培ってきた入居者個々の生活の継続性や自立を大切にすることが世界的な潮流となっています。ここでは、施設環境づくりが必要とされる背景を整理して、施設のケアや環境を暮らしの場としてどのように変えていくか、その手法やすすめ方について概観していきます。ここで取り上げる「認知症高齢者に配慮した施設環境づくり支援プログラム」は、各地での実践を踏まえて、より現場で取り組みやすいように改定を重ねたものです。ぜひ、あなたの施設でも身近なところからケアと環境を変えてみませんか。

2 高齢者施設を取り巻く動向

●認知症高齢者の増加

　介護保険サービスが発足して10年を経た今日、介護老人福祉施設など介護保険3施設の入居者に占める認知症高齢者の割合は9割を超えて、介護を必要とするランクⅢ以上が半数に達しています（表1）。「平成20年介護サービス施設・事業所調査」では、施設入所者の高齢化に伴い介護度も上昇して、例えば介護老人福祉施設では平均要介護度が3.8に達しています。さらに厚生労働省の指針[注]では平成26年度において要介護4と5の割合を70％以上にする目標が出されています。したがって、高齢者施設は将来的に認知症をかかえ、かつ身体的にもより介護を必要とする入居者が増加することは確実です。今後、高齢者施設は、人生の最終ステージの特に重度の認知症高齢者になっても暮らせる住まいとして重要になっていきます。

■表1　高齢者施設における認知症高齢者の入居状況

	介護老人福祉施設 （特別養護老人ホーム）	介護老人保健施設 （老人保健施設）	介護療養型医療施設 （療養型病床群）
入居者数	405,093人	285,265人	102,753人
認知症高齢者の割合	96.0%	93.2%	96.4%
ランクⅢ以上の割合	69.7%	52.2%	80.3%

資料：厚生労働省「平成19年介護サービス施設・事業所調査」

注）「介護保険事業に係る保険給付の円滑な実施を確保するための基本的な指針」（平成18年3月31日厚生労働省告示第314号）を指す。

●認知症高齢者を考慮した施設環境の必要性

　「2015年の高齢者介護─高齢者の尊厳を支えるケアの確立に向けて─」（厚生労働省、2003（平成15）年）を契機として、介護保険制度の中では施設環境の重要性に目が向けられ、2003（平成15）年から新設施設では個室・ユニットケアが制度化されました。厚生労働省は、平成26年度には個室・ユニット化を介護保険３施設について50％以上、介護老人福祉施設に関して70％以上の目標を掲げています。

　これ以前の1997（平成９）年に、「小規模かつ家庭的な環境の中での一人ひとりの個別的なケアと暮らし」の実現を目指して認知症高齢者グループホームが制度化され、介護保険制度の中に位置づけられることにより急速に普及が図られています。

　これらは、高齢者施設における認知症高齢者の増加に対応した取り組みといえます。しかし、既存施設においては、改修資金の不足や住みながらの改修への不安から、介護老人福祉施設の個室・ユニット化の割合は全施設の27.1％（完全ユニット型17.7％、一部ユニット型9.4％）にとどまっています（平成20年介護サービス施設・事業所調査）。

　このような動向の中、認知症ケアに取り組む現場から、既存の従来型施設において認知症高齢者に対応した環境の見直しにどのように取り組んだらよいかわからない、また新設施設においても新たな環境をどのように活かしたらよいかといった声が多く上げられています。

3　施設環境づくりの方向性

●在宅と施設の環境のギャップ

　環境を図１に示すように、物理的環境・社会的環境・運営的環境ととらえて、自宅と施設の環境の違いを、３つの面から比較してみましょう[1]。物理的環境からみると、在宅では使い慣れた家具や持ち物に囲まれ、その周囲に友人の家や商店などが広がり、慣れ親しんだ人や物とのつながりの中で生活しています。これに対して、従来の施設環境は巨大で複雑な空間から構成され、認知症高齢者は自分の居場所を見失い、不安や混乱に陥ることになります。居室やトイレが共同の場合には、自分の拠り所やプライバシーも大きく制約されます。

　社会的環境からみると、自宅では家族や近隣の人と交流を図ったり、時には一人になったりと、主体的・選択的に人とふれあうことが可能です。これに対して、施設では生活歴も異なる大勢の人との集団の中で過ごすことを余儀なくされ、居室が多床室の場合には、常に他人の影響を受ける生活になります。

　運営的環境からみると、自宅では自分のペースで１日のスケジュールを決め、慣れ親しんだライフスタイルを維持して過ごすことは当たり前といえます。これに対して、施設で

は1日の流れや生活の細かな部分まで決められており、施設のスケジュールに個人が合わせざるを得ない状況になります。

このように自宅と従来の施設環境の間の大きなギャップは、特に認知症高齢者には適応が難しく、混乱をもたらし、生活への意欲や残された能力をも奪う結果となっています。

●物理的・社会的・運営的環境を活かしたアプローチ

改めて施設環境を図1で整理すると、施設環境は、介護者の意識や人とのかかわり方などの社会的環境（本書ではケアのかかわりを中心にしたときには「ケア的環境」と称しています）、建物や設備などの物理的環境、施設の運営方針やサービスプログラムなどの運営的環境から構成されています。前述したように従来の施設では、これらの環境が認知症高齢者の力を奪うような状況がみられましたが、認知症高齢者個々の機能やライフスタイルに配慮して物理的・社会的・運営的環境の3つの側面を整えることにより、認知症の人の残された機能が維持され、認知症の症状の緩和が図られ、落ち着いた暮らしが可能になります。

グループホームや個室・ユニット型施設であっても、多数の人が暮らす場であり、自宅とは異なります。しかし、施設環境づくりで大切なことは、可能な限り生活の継続性を大切にすることです。そのためには自宅の暮らしに近づけるとともに、個々の高齢者の生活歴を把握して、慣れ親しんだライフスタイルを実現していくことが大切です。

■図1　認知症高齢者を取り巻く施設環境

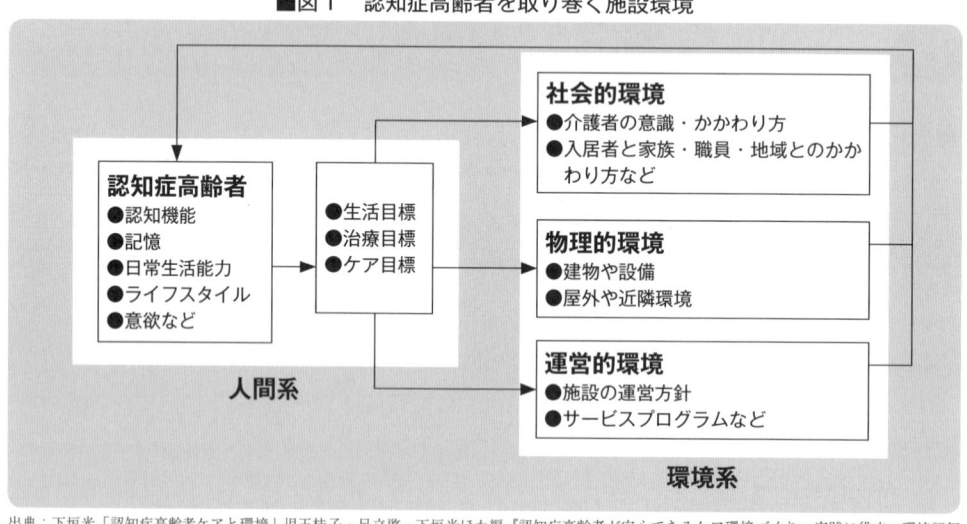

出典：下垣光「認知症高齢者ケアと環境」児玉桂子・足立啓・下垣光ほか編『認知症高齢者が安心できるケア環境づくり―実践に役立つ環境評価と整備手法―』彰国社、2009年、14頁の図2を一部修正

4 認知症高齢者に配慮した施設環境づくり支援プログラム

●プログラムの特徴
①6ステップと豊富なツール

「施設環境づくり支援プログラム」は、認知症高齢者にふさわしい暮らしとケアの提供を目指して開発されました[2]。介護職員が中心となり多様な人が参加して、すすめやすいように6ステップが刻まれ、図2に示すように豊富なツールが用意されています。「ステップ1:ケアと環境への気づきを高める」や「ステップ2:環境の課題をとらえて、目標を定める」は大切な導入部分なのでぜひ取り組んでいただきたいと思います。しかし、施設の実情に合わせて簡略化したり、各施設にあったテーラード・プログラムとしたりすることも可能です。

施設の物理的・社会的・運営的環境を視野に入れつつ、まず目に見える物理的環境を変えることにより、ケアや運営に波及するように考案されています。

■図2 認知症高齢者に配慮した施設環境づくり支援プログラムを構成するステップとツール

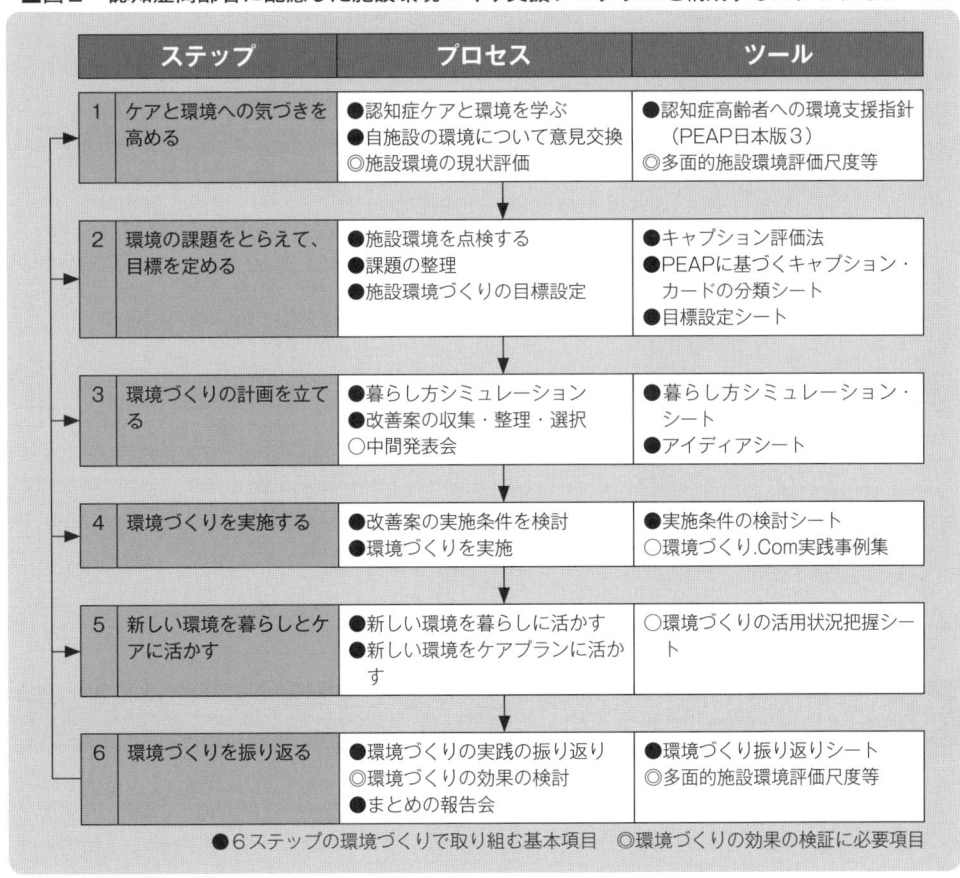

②ボトムアップによる参加型プログラム

「施設環境づくり支援プログラム」は、介護職員が中心となり、管理職や多くの職種と協力しながらボトムアップですすめることを想定しています。実践の中心は介護職員ですが、入居者自身、家族、ボランティアなどの参加が望ましく、多様な人が参加しやすい工夫が随所になされています。

●各ステップの概要

それでは6ステップの概要について、簡単に見ていきましょう。

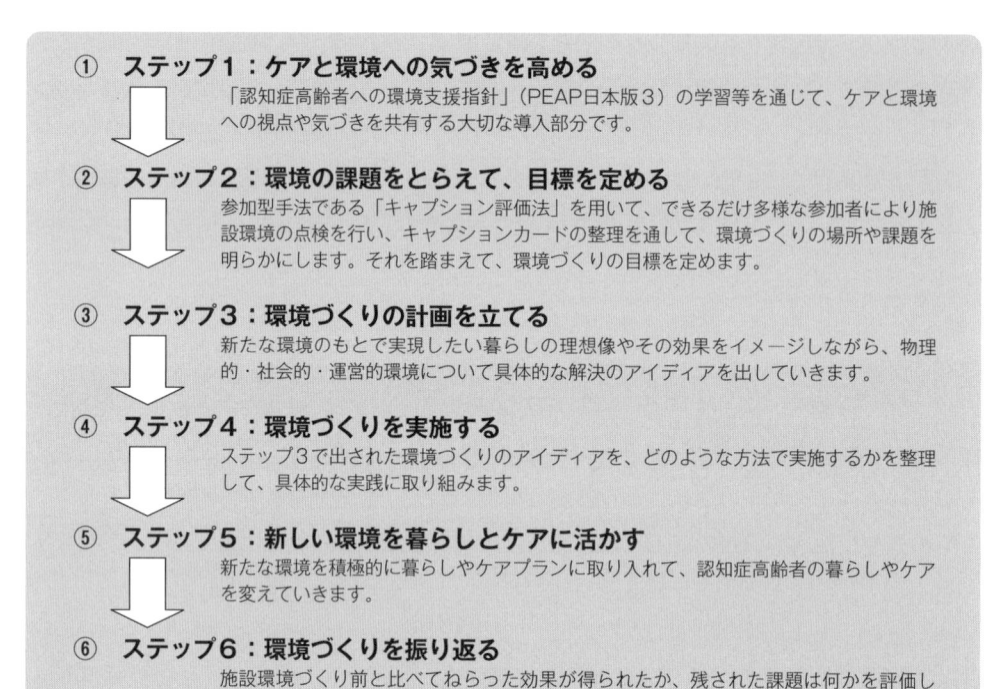

① **ステップ1：ケアと環境への気づきを高める**
「認知症高齢者への環境支援指針」（PEAP日本版3）の学習等を通じて、ケアと環境への視点や気づきを共有する大切な導入部分です。

② **ステップ2：環境の課題をとらえて、目標を定める**
参加型手法である「キャプション評価法」を用いて、できるだけ多様な参加者により施設環境の点検を行い、キャプションカードの整理を通して、環境づくりの場所や課題を明らかにします。それを踏まえて、環境づくりの目標を定めます。

③ **ステップ3：環境づくりの計画を立てる**
新たな環境のもとで実現したい暮らしの理想像やその効果をイメージしながら、物理的・社会的・運営的環境について具体的な解決のアイディアを出していきます。

④ **ステップ4：環境づくりを実施する**
ステップ3で出された環境づくりのアイディアを、どのような方法で実施するかを整理して、具体的な実践に取り組みます。

⑤ **ステップ5：新しい環境を暮らしとケアに活かす**
新たな環境を積極的に暮らしやケアプランに取り入れて、認知症高齢者の暮らしやケアを変えていきます。

⑥ **ステップ6：環境づくりを振り返る**
施設環境づくり前と比べてねらった効果が得られたか、残された課題は何かを評価して、その結果を次の環境づくりにつなげていきます。

6ステップのプログラムはすべてを実施しなければならないと固く考えることはなく、各施設に合わせて工夫したり、高齢者への効果を見て前のステップに戻って再度挑戦したりすることもいいでしょう。

5 施設環境づくりのねらい

このプログラムを用いて施設環境づくりに取り組むことにより、単に環境が見栄えよくなるだけではなく、これまでの実践から図3に示すような幅広い効果が確認されています。

■図3　認知症高齢者に配慮した施設環境づくり支援プログラムのねらい

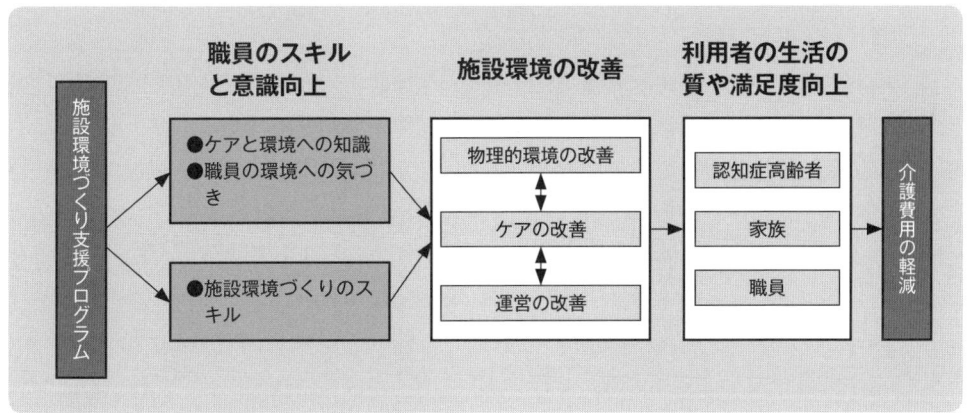

　まず、職員は環境づくりのプロセスを経験して、認知症ケアと環境への知識や気づきが高まり、最終的に施設環境づくりのスキルを身につけることができます。これまでの環境づくりの実践事例では、それにとどまらず、施設を変える提案や改善する幅広い力を獲得することが示されています。

　施設環境づくりでは、目に見える形で環境が変わる体験をすることが大切です。プログラムでは、物理的環境の改善を中心に置きながら、ケアなどの社会的環境と運営的環境の改善も目標としています。

　職員の意識やスキルの変化、さらに施設環境の幅広い変化を通じて、認知症高齢者の暮らしの質や生活への満足の向上を最終的なゴールとして位置づけています。あくまでも認知症高齢者を中心に考えますが、施設利用者の家族や職員の満足も視野に入れることが必要です。認知症高齢者が少しでも自立を維持して、落ち着いた暮らしを実現できれば、介護費用の軽減の効果も期待することができます。

6　施設環境づくりの組織づくり

　施設の中に非専任職員の割合が増える中で、通常の業務にない施設環境づくりに取り組むには、初めの一歩を踏み出す勇気が必要ですが、前述したようにこのプログラムに取り組むことにより得られる効果は大変大きなものです。プログラムに取り組む際には、まずコアメンバーを選出して、コアメンバーと管理職がしっかりした連携を図ることが必要です。コアメンバーには施設環境づくりを行うユニット等の介護の中心メンバーを当てることが通常行われますが、環境に興味があり取り組んでみたいという職員はぜひスカウトしたいものです。コアメンバーが中心に企画や運営をしますが、環境づくりをケアに活かしていくためには、多くの職員の理解が必要であり、施設環境づくりのプロセスの要所に職

員全体を巻き込むことが大切です[3]。また、施設環境づくりの会議や実施にかかる時間は、業務として位置づけることも必要です。

図2に示す6ステップの施設環境づくりに必要な期間は、各ステップの丁寧な話し合いや施設の各種行事やハプニングを考慮すると、施設環境づくりの規模にかかわらずほぼ1年を単位に考えることが適切です。

施設環境づくりにかける費用については、施設内の物品を再利用したり、工夫にとどめる施設から、実践編の清雅苑（88頁参照）のように1フロア当たり40万円を事前に施設長が提示した施設までさまざまです。環境課題の整理がすすんだ時点で、使用可能な金額が明らかになっていたほうが施設環境づくりを具体的に考えることができます。

施設環境づくりには関心があるものの、初めから大規模には始めにくい施設も多いことでしょう。これまでの実践では、「ミニモデルからの取り組み」と銘打って、少数の職員が3か月程度でトイレの改善を行い、その効果をアピールしたところ、多くの賛同が得られて施設全体の取り組みに発展した事例もあります[4]。まず、身近なところから施設環境づくりの成功体験を積むことが大切です。

7 施設環境づくりの記録

施設環境づくりを支援するツールとして用意されている各種シートは、記録として振り返りにも有効になります。施設環境づくりの場所について、同じ場所を同じ角度から定点観測のように写真による記録も忘れずに行いましょう。これらの蓄積が、施設環境づくりの財産となっていくことでしょう。

（児玉桂子）

文献
1）橘弘志・外山義・井上由起子「老人ホームの公私空間計画」児玉桂子編『講座 超高齢社会の福祉工学—高齢者居住環境の評価と計画—』中央法規出版、1998年、215〜236頁
2）児玉桂子・影山優子「認知症高齢者に配慮した施設環境づくりプログラムの実践とその効果」児玉桂子編『超高齢社会の福祉居住環境—暮らしを支える住宅・施設・まちの環境整備—』中央法規出版、2008年、125〜139頁
3）青木隆雄・児玉桂子・影山優子ほか「特別養護老人ホームにおける施設環境づくりプログラム（改訂版）の実施とプロセス評価」児玉桂子研究代表『認知症高齢者環境支援指針に基づく既存施設の環境改善手法の開発と効果の多面的評価（平成16—17年度科学研究費補助金報告書）』日本社会事業大学、2006年、53〜128頁
4）中嶋恵美子「認知症ケアと施設環境づくり④4人でミニモデル先行」『シルバー新報』2006年6月2日（この記事は、http://www.kankyozukuri.com/に掲載されている）

解説編

Step 1 ケアと環境への気づきを高める

　ステップ1では、認知症ケアと環境のかかわりを理解するうえで大変重要であり、6ステップを通じて施設環境づくりの視点となる「認知症高齢者への環境支援指針」(PEAP日本版3)について学んでいきます。

1 認知症高齢者への環境支援の基本的な考え方

(1) 認知症高齢者の症状と生活上の課題

　高齢期の認知症とは、いったん正常に発達した知的機能が、アルツハイマーや脳血管障害などの疾病により、持続的に低下して、日常生活や社会生活に幅広く支障が生じる状態を指します。認知症の症状は、中核症状と周辺症状に分けて説明されます(図1)。中核症状には、記憶の障害、現在の時間や場所などがわからなくなる見当識障害、理解力・判断力の障害などさまざまな症状があり、個人差があるものの、どの認知症の人にも必ずみられる症状です。さらにこの中核症状が背景となり、不安・徘徊・帰宅願望・幻覚など多様な周辺症状が生じるようになります。

■図1　認知症の症状と生活上の課題

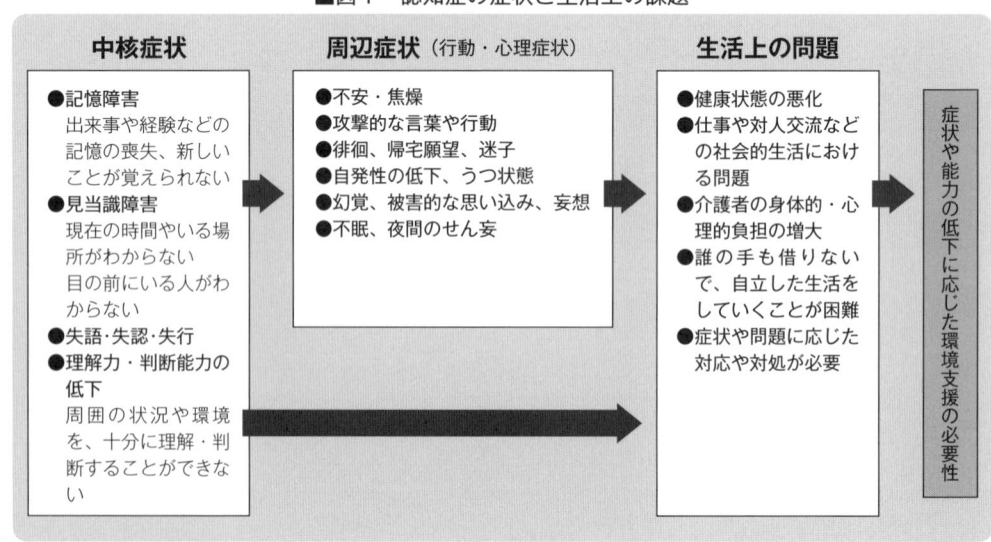

出典：下垣光「痴呆性高齢者ケアと環境」児玉桂子・足立啓・下垣光ほか編『認知症高齢者が安心できるケア環境づくり―実践に役立つ環境評価と整備手法―』彰国社、2009年、9頁の図1を一部修正

これらの周辺症状は、以前は介護者の立場から見て「問題行動」と呼ばれていましたが、今日ではこうした症状の背景にはそれを引き起こす不適切なケアや環境の影響が大きいことが明らかになり、「認知症による行動・心理症状」と呼ばれるようになっています。すでに北欧では、1980年代から、小規模で家庭的な環境の中でケアを提供することにより、認知症の人の落ち着いた暮らしが可能となることが実証されています。また、アメリカの研究でも、認知症高齢者にふさわしい環境には、症状を緩和する力があることが検証されています[1]。

　例えば、特別養護老人ホームなどの入所施設において、やっと慣れた居室から他の部屋に変更されると、新しい自分の部屋がどこかわからず混乱を生じることがあります。このような混乱は、「自分の部屋がない」だけでなく、「家に帰らなくてはいけない」などの帰宅願望へと発展することがあります。このような混乱状態の背景には、新しい居室の場所について説明を受けても覚えられないといった記憶障害があります。行動・心理症状の一つである徘徊も、記憶障害や場所の見当識障害により出現するといえます。さまざまな行動・心理症状の背景には、必ず中核症状である認知機能の問題があります。

　また、認知症の中核症状は、認知症高齢者の日常生活にも大きな影響を与えます。日常的に服用している薬を飲むことを忘れる、季節感がなくなり寒いときに薄着をし、暑いときに水を飲まないなどの健康に支障をきたすこともあります。理解力や判断力の低下により、仕事に支障が生じたり、友人とのコミュニケーションが困難になったり、社会生活に問題が生じます。

　さらにさまざまな行動・心理症状の出現は、介護者がその対応に振り回されて、身体的にも心理的にも負担が増大します。その結果、認知症高齢者は支援なしに自立して生活することが困難になります。このように、認知症があることは、日常生活上にさまざまな問題を引き起こすことになります。

（2）環境を活かした支援とは

　例えば施設で徘徊している人を落ち着かせるために、介護職員が「一緒に行きましょう。ちょっと待ってください」や「明日一緒に行きましょう」など個々の人にあった言葉かけが効果的なこともあります。また、自分の部屋がこの施設にあることやその場所をわかりやすくして見当識を高めること

で、効果をあげることもあります。しかし、介護職員による言葉かけやかかわり方、生活リズムの維持などのケア、さらに、入居している高齢者同士の人間関係や交流も含む社会的環境、目印や空間の設えといった物理的環境、施設内の多職種の連携などの運営的環境、これら施設の多面的な環境要素を取り入れた支援が「環境を活かした支援」といえます。認知症高齢者に落ち着いた安心できる生活を提供するには、この環境を活かした支援は欠かせないといえます。

（3）施設的な環境を変えていく

これまでの施設における生活は集団であり、他人のペースに合わせることを余儀なくされます。特に2人部屋や4人部屋での共同生活は、人物や場所の見当識障害が生じやすく、混乱を招きやすい環境といえます。また、慣れ親しんだわが家から離れて入所することは、長い人生の中で作り上げてきた人間関係や趣味活動の機会などを失うことであり、このような環境の激変は強い喪失感をもたらすといえます。

認知症のある高齢者は、さまざまな障害や症状により能力が低下して、日常生活において適応が困難な状態となります。しかし、記憶障害が顕著な人であっても、毎日繰り返してその人のリズムにあった食事や家事、散歩などを組み合わせて生活環境を整えることにより、認知症の症状を緩和することが可能になります。さらに、住環境を意図的に、計画的にさまざまな工夫をしていくことにより、その低下を補い、残された能力を発揮して、豊かな暮らしを維持することが可能になります。

以下に紹介する「認知症高齢者への環境支援指針」（PEAP日本版3）は、そのための視点や具体的な手法を理解するうえで大変有効なものといえます。

2 PEAPの特徴と活用方法

（1）PEAPの特徴

PEAP（ピープ）（Professional Environmental Assessment Protocole）は、認知症ケアユニットの環境評価のための研究ツールとしてアメリカのワイズマン博

士らにより開発されました[2]。一方、日本版のPEAPは環境づくりを行うためのガイドラインとして、日本の実情を踏まえて改定が行われ[3]、今日認知症ケアの現場に広がりつつあります。

　PEAPは、施設環境を建築などの物理的環境に重点を置きながら、ケアなどの社会的環境、施設運営方針などの運営的環境といった多面的な環境としてとらえて、認知症高齢者の暮らしとケアに重要な次元を示しています。図2に示すように、PEAPは認知症高齢者の暮らしとケアの目標となる8つの次元と環境支援のポイントとなる31の中項目から構成されています。小項目は環境支援をすすめる際のヒントとなる具体例と位置づけていますので、各施設の実情に合わせて創意工夫を行う部分です。

　「見当識への支援」「機能的な能力への支援」「環境における刺激の質と調整」「安全と安心への支援」「生活の継続性への支援」「自己選択への支援」「プライバシーの確保」「ふれあいの促進」といったPEAPの8つの次元は、認知症高齢者ができるだけ自立を維持しながらその人らしく暮らし、それを支えるケアにとっても重要な視点から構成されています。従来の流れ作業的介護業務から、個々の認知症高齢者の暮らしを大切にするケアへと意識変革を行ううえで、PEAPは有効なツールであるといえます。

　また、施設の物理的環境というと段差や狭さなどを思い浮かべがちですが、図3に示すように、PEAPでは、「構造レベル」「準構造レベル」「福祉用具・家具レベル」「小物・絵レベル」「住み方・使い方レベル」まで多様な

■図2　PEAPの次元と項目の構成

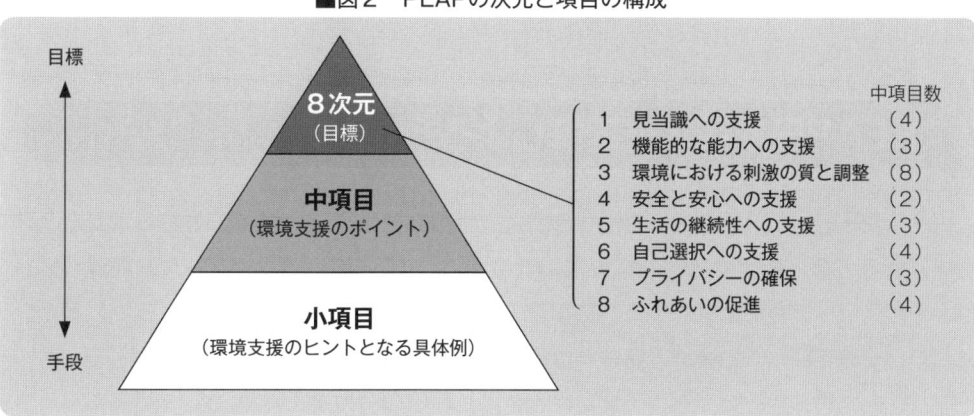

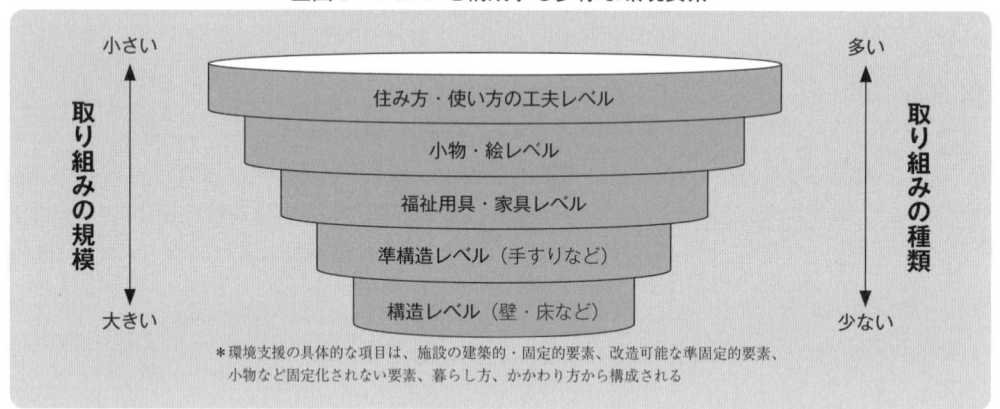

■図3　PEAPを構成する多様な環境要素

環境要素を取り上げています。小規模な取り組みのヒントがたくさん含まれているので、現場の介護職員にとって身近で受け入れやすいものとなっています。

（2）PEAPの活用による施設環境づくりの視点の共有化

6ステップの施設環境づくり全体を通じて、PEAPは多様な背景をもつ参加者が視点を共有するための重要な指針となります[4]。ステップ1ではPEAPは認知症ケアと環境のかかわりを学習するツールとして、ステップ2では施設環境の課題整理に、ステップ3では環境改善のアイディアの創出に、ステップ5・6では新たな環境の活用や評価にPEAPの視点を活用します。このようにPEAPは、環境づくりが、個人の見方に偏ることなく、バランスよくすすめるうえでも重要な役割を果たしています。

3　PEAP日本版3を理解しよう

表1に整理をした「認知症高齢者への環境支援指針」（PEAP日本版3）の8次元と31の中項目を、事例の写真とともに見ていきましょう。PEAPの視点を身につけるためには、次のステップ2で示すように、あなたの施設の施設環境の長所や欠点をスナップ写真に撮り、それをPEAPの視点で意味づけをすることが有効です。

■表1　「認知症高齢者への環境支援指針」（PEAP日本版3）の8次元

1．見当識への支援の次元	
1－1	環境における情報の活用
1－2	時間・空間の認知に対する支援
1－3	空間や居場所のわかりやすさ
1－4	視界の確保
2．機能的な能力への支援の次元	
2－1	セルフケアの自立能力を高めるための支援
2－2	食事が自立できるための支援
2－3	調理、洗濯、買い物などの活動の支援
3．環境における刺激の質と調整の次元	
a．環境における刺激の質	
3a－1	意味のある良質な音の提供
3a－2	視覚的刺激による環境への適応
3a－3	香りによる感性への働きかけ
3a－4	柔らかな素材の提供
b．環境における刺激の調整	
3b－1	生活の妨げとなる騒音の調整
3b－2	不適切な視覚的刺激の調整
3b－3	不快な臭いの調整
3b－4	床などの材質の変化による危険への配慮
4．安全と安心への支援の次元	
4－1	入居者の見守りのしやすさ
4－2	安全な日常生活の確保
5．生活の継続性への支援の次元	
5－1	慣れ親しんだ行動とライフスタイルの継続への支援
5－2	その人らしさの表現
5－3	家庭的な環境づくり
6．自己選択への支援の次元	
6－1	入居者への柔軟な対応
6－2	空間や居場所の選択
6－3	いすや多くの小道具の存在
6－4	居室での選択の余地
7．プライバシーの確保の次元	
7－1	プライバシーに関する施設の方針
7－2	居室におけるプライバシーの確保
7－3	プライバシー確保のための空間の選択
8．ふれあいの促進の次元	
8－1	ふれあいを引き出す空間の提供
8－2	ふれあいを促進する家具やその配置
8－3	ふれあいのきっかけとなる小道具の提供
8－4	社会生活を支える

1．見当識への支援の次元

　従来のような大規模で画一的な施設環境は、自分の居場所の確認が難しく、認知症高齢者に混乱や不安をもたらしてきました。この次元は、物理的・社会的・時間的環境を活かして見当識を最大限に引き出すような環境支援の次元であり、4つの中項目から構成されます。

- **1－1　環境における情報の活用**
  居室やトイレなどの位置をわかりやすくするために、目印、図柄、色などの活用が有効です。多くの施設で行われている浴室の入り口の「のれん」は、PEAPの視点では「環境における情報の活用」に当たります。

浴室（ユニット型介護老人保健施設）

- **1－2　時間・空間の認知に対する支援**
  毎日の生活の安定を図るために、時間、空間、出来事に対する見当識を効果的に支援しましょう。カレンダーや時計だけではなく、事例のように家庭生活で行われていた日課を取り入れることは時間感覚の維持に有効です。

食堂（ユニット型介護老人保健施設）

1-3　空間や居場所のわかりやすさ

通常の施設環境は画一的になりがちですが、認知症のある入居者にとって、自分がどこにいるかがわかりやすい配慮が大切です。生活単位を小規模化することは、空間が把握しやすくなります。右の写真のような慣れ親しんだトイレの扉は、ここがトイレであるとすぐわかります。

トイレの扉（グループホーム）

1-4　視界の確保

視界に入らない空間は、認知症の人の行動範囲から外れてしまいます。生活に必要な場所が、視界に入るように配慮することにより入居者の活動の範囲が広がります。

リビング（グループホーム）

2．機能的な能力への支援の次元

認知症高齢者はコミュニケーションがうまくとれなかったり、事故の危険から行動を制約されたりしがちです。この次元は、入居者の日常生活動作（移動、整容、排泄など）の自立を支え、さらに継続していくための環境支援の次元であり、3つの中項目から構成されます。

2-1 セルフケアの自立能力を高めるための支援

排泄、入浴、整容、衣服の着脱などのセルフケアを、可能な限り自立して行うためには、環境を活かした支援が大切です。右の写真では、使いやすい洗面設備により、整容動作の自立が維持されています。

洗面設備（ユニット改修型特別養護老人ホーム）

2-2 食事が自立できるための支援

認知症では食事に困難を伴う例が多く見られますが、意欲をもって食事に集中できるような環境支援が大切です。右の写真のような自分の食器を使い、家庭的な雰囲気の食事は、食事の楽しみや自立意欲を高めます。

リビング（ユニット型特別養護老人ホーム）

2-3 調理、洗濯、買い物などの活動の支援

調理や洗濯、買い物などに必要な行動を、できるだけ自立してできるように環境支援を行いましょう。右の写真では、ガスコンロを壁側に離して、入居者が安全に調理作業に参加できるように配慮しています。

リビング（グループホーム）

3．環境における刺激の質と調整の次元

認知症高齢者を取り巻く環境の刺激が過剰であると混乱を引き起こしますが、異食や収集癖のために何も置かない環境も不適応の要因となります。この次元は、入居者の適応や五感に働きかける豊かな刺激を提供する「環境における刺激の質」とストレスにならないように刺激を調整する「環境における刺激の調整」の2つから構成され、それぞれの下に中項目が配置されています。

a. 環境における刺激の質

- **3a−1　意味のある良質な音の提供**
  会話、食事の準備、その場にあった音楽など、入居者にとって意味のある良質な音を生活に取り入れましょう。

食堂（ユニット型介護老人保健施設）

- **3a−2　視覚的刺激による環境への適応**
  入居者になじみのある時代や文化を反映した調和の取れたインテリアや落ち着いた照明など良質な視覚的刺激は、環境への適応をもたらします。右の写真では、廊下が落ち着いた空間になっています。

廊下（デンマークのグループホーム）

3a−3　香りによる感性への働きかけ

新鮮な花や食物の香りなどを取り入れることにより、入居者の感性に働きかけましょう。右の写真では、寝たきりの方のベランダにプランターを置き、香りを楽しんでいただいています。

ベランダ（従来型特別養護老人ホーム）

3a−4　柔らかな素材の提供

右の写真のように家庭では、木・紙・布・畳など柔らかな素材に囲まれて生活しています。施設のインテリアには硬い素材が用いられていますが、家庭のような柔らかな素材を使用することにより落ち着きがもたらされます。

和室コーナー（ユニット型介護老人保健施設）

b. 環境における刺激の調整

3b−1　生活の妨げとなる騒音の調整

テレビ、廊下を行くカート、ナースコールやアラーム音、職員の大声など、入居者の落ち着いた生活の妨げとなる騒音をできるだけ低いレベルに抑えるように調整を行いましょう。

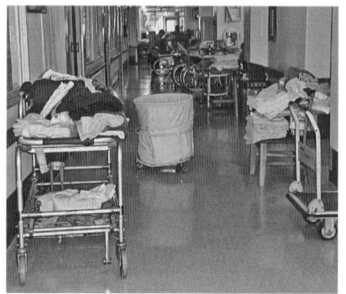

廊下のカート（従来型特別養護老人ホーム）

- **3b-2　不適切な視覚的刺激の調整**
  強い日差しや照明のぎらぎらした光、部屋の過剰な装飾（絵画、写真など）など、入居者に不快感や混乱を与える視覚的刺激を調整しましょう。右の写真では、和風のロールカーテンを用いて日差しの調整をしています。

廊下の日よけ（ユニット型特別養護老人ホーム）

- **3b-3　不快な臭いの調整**
  排泄臭や食事の臭いがこもるなど、不快な臭いが長時間にわたり広く存在しないように、換気に注意しましょう。右の写真では、不快な臭いが充満しないように、空気の流れを設計時に配慮しています。

居住ユニット（ユニット型特別養護老人ホーム）

- **3b-4　床などの材質の変化による危険への配慮**
  床の材質を変える場合には、危険への配慮が必要です。右の写真では、フローリングからタイルへと変化していますが、段差なく安全に配慮されています。

廊下の床材（ユニット型特別養護老人ホーム）

4．安全と安心への支援の次元

認知症のある入居者には多くの潜在的な危険があります。この次元は、入居者の安全を脅かすものを最小限にとどめるとともに、入居者をはじめ、職員や家族の安心を最大限に高めるような環境支援の次元であり、2つの中項目から構成されます。

4-1　入居者の見守りのしやすさ

職員が自然な方法で入居者の状況や活動を容易に見守りやすく、かつ入居者が不安や孤独感を感じたときに、容易に職員を捜すことができることが大切です。右の写真のように、小規模であることはこの条件を満たします。

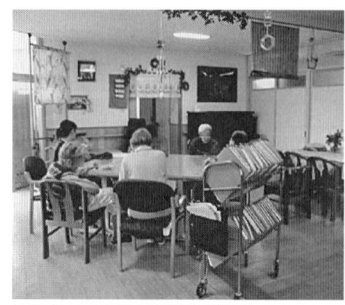

食堂（ユニット型介護老人保健施設）

4-2　安全な日常生活の確保

認知症のある入居者は認知障害と同時に身体的能力も低下していることもあるので、それらを補い、残存機能を保持する支援が大切です。右の写真では、家庭的な入浴設備を用いながら、安全への配慮が行われています。

浴室（ユニット型介護老人保健施設）

5．生活の継続性への支援の次元

認知症高齢者にとり、これまでの家庭生活からかけ離れた生活や環境は、身の置き所のない不安なものです。この次元は、個々人が慣れ親しんだ環境と生活様式を、個人的なものの所有と家庭的な環境づくりの２つの側面から実現するための環境支援の次元であり、３つの中項目から構成されます。

5−1　慣れ親しんだ行動とライフスタイルの継続への支援

入居者ができる限り慣れ親しんだ行動を維持できるように、また入居者の能力を最大限引き出すような環境支援です。右の写真では、個室を趣味や学習にふさわしく設え、その人らしい暮らしが実現しています。

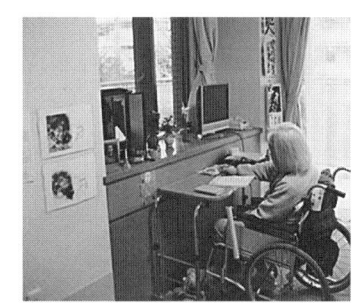

居室（ユニット改修型特別養護老人ホーム）

5−2　その人らしさの表現

個々人のライフスタイルの反映である家具や持ち物などを自宅から持ち込むことを促し、自己実現を可能にします。右の写真では、104歳の方の人生が凝縮した部屋となっています。

居室（従来型特別養護老人ホーム）

5−3　家庭的な環境づくり

施設的な雰囲気を醸し出すものを排除して、家庭的な雰囲気の環境づくりに多様な手段で取り組みましょう。スチールの棚や職員のユニフォームも施設的要素といえます。右の写真の食堂は、家庭的な家具やペンダント照明により、落ち着いた雰囲気になっています。

リビング（グループホーム）

6．自己選択への支援の次元

　普段の生活は、何時に起きて、どの洋服を選び、お気に入りの場所に座るというように、小さな選択の連続ですが、認知症高齢者には自己選択は無理だと決めつけられがちです。この次元は、施設の物理的な環境やサービスをできる限り自己選択できるように支援する4つの中項目から構成されます。

6-1　入居者への柔軟な対応

入居者が居場所や活動を選択できるように、スケジュールに融通性をもたせたり、スケジュール表をわかりやすく掲示するなどしましょう。右の写真の民家型デイサービスでは、利用者に合わせた過ごし方が可能になっています。

リビング（民家型デイサービスセンター）

6-2　空間や居場所の選択

居場所が制約されがちな施設において、入居者が空間や居場所を選択できるように、複数の共用空間を提供します。右の写真では、畳スペースや複数のテーブルなど、居場所の選択肢が多数用意されています。

リビング（ユニット型介護老人保健施設）

6-3　いすや多くの小道具の存在

座る場所、かかわりをもつ人や物、行われる活動のオプションを多く用意して選択の機会の増加を図ります。右の写真では、居場所や絵画など豊かな選択肢が用意されています。

リビング（デンマークのグループホーム）

6-4　居室での選択の余地

居室の中で、カーテンや窓の開け閉め、明るさなどを入居者自身が調整できることが大切です。多床室では制約が多くありますが、右の写真では、カーテンや照明により、個人の活動に合わせて明るさの調整ができます。

居室（デンマークのグループホーム）

7．プライバシーの確保の次元

入居者が一人になれることを保障するだけでなく、入居者同士・家族・地域の住民との交流を入居者の希望に添って選択できることを保障することもプライバシーの確保の考え方です。

7-1　プライバシーに関する施設の方針

施設環境におけるプライバシーの確保には、職員の努力だけではなく、施設全体の方針が大きく影響します。右の写真の施設では、部屋の扉を閉めることやノックをすることがケアの方針となっています。

居室入り口（ユニット型介護老人保健施設）

7-2 居室におけるプライバシーの確保

プライベートな領域の中でもとりわけ居室は重要であり、プライベートな空間や行動が保障されることが大切です。右の写真の多床室では、ベッドの向きや家具間仕切りの工夫で視覚的なプライバシーは確保されていますが、音や臭いなどのプライバシーは守ることができません。

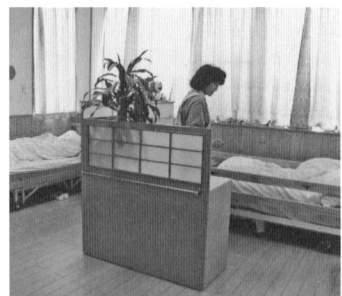
居室（ユニット型介護老人保健施設）

7-3 プライバシー確保のための空間の選択

少人数での集まりや家族との団らん、職員とプライベートな話をするときに選択できる多様な場所が必要です。右の写真では、ロールカーテンで囲まれた空間を食堂の一部につくり、家族との団らんに活用しています。

食堂（従来型特別養護老人ホーム）

8．ふれあいの促進の次元

入居者の社会的なふれあいや交流を促進して、社会的な生活を豊かに維持するための環境支援の次元であり、4つの中項目から構成されます。

8-1 ふれあいを引き出す空間の提供

入居者がふれあいの機会をもちやすいように、複数のふれあいの場を用意して、選択できるようにします。右の写真では、廊下に自然なふれあいが生まれるような場を設けています。

ラウンジ（グループホーム）

8-2 ふれあいを促進する家具やその配置

入居者のふれあいを促進するような家具を用意し、その配置を工夫します。右の写真は、いすの向き、照明、テーブルや絵画の位置など、交流が生まれやすい仕掛けが見事に行われています。

廊下（デンマークのグループホーム）

8-3 ふれあいのきっかけとなる小道具の提供

入居者の関心を引き、ふれあいのきっかけとなる小道具を用意します。右の写真では、家庭から持ち寄られた小道具をインテリアに活かすとともに、入居者とのふれあいに活かしています。

廊下の小物（従来型特別養護老人ホーム）

8-4 社会生活を支える

入居者の社会生活を支えるには、ふれあいの促進とともに、一人でいる場所を確保することも大切です。右の写真の屋上庭園は、車いすでも楽しめるように花壇を高くするなどの配慮があります。

屋上ガーデン（従来型特別養護老人ホーム）

（児玉桂子・下垣光）

文献

1）Cohen,U.& Weisman, G.D.：*Holding on to home-Designing environments for people with dementia*. The johns Hopkins university press, 1991.（岡田威海監訳・浜崎裕子訳『老人性痴呆症のための環境デザイン―症状緩和と介護をたすける生活空間づくりの指針と手法―』彰国社、1995年）
2）Weisman,G.D.・Lawton, M.P.・Slane, P.D.,et al.：*The professional environmental assessment protocol*. School of architecture, University of Wisconsin at Milwaukee, 1996.
3）下垣光・児玉桂子・影山優子ほか「環境支援指針の作成と活用上の課題」児玉桂子・足立啓・下垣光ほか編『認知症高齢者が安心できるケア環境づくり―実践に役立つ環境評価と整備手法―』彰国社、2009年、66〜78頁
4）児玉桂子「痴呆性高齢者への環境支援指針（PEAP日本版3）を用いた施設環境づくり」『日本痴呆ケア学会誌』Vol.3、No.2、2004年、17〜26頁

注

●PEAP日本版3の小項目を含む全文がhttp://www.kankyozukuri.com/からダウンロードできます。

Step 2 環境の課題をとらえて、目標を定める

　ステップ１でPEAPを学び環境の見方がわかったら、実際にその目で施設を点検してみましょう。ここでは、キャプション評価法という方法で施設環境の課題をとらえ、その結果を整理・共有し、最後に今回の環境づくりの目標を定めます。

1　現状を幅広く把握するために、環境の点検を行う

　よい環境づくりをするためには、まず現在何が問題になっているか、何がうまくいっているか、環境の課題をあぶり出すことが必要です。そのためには、普段何気なく接している身の回りの環境を、PEAPを踏まえて意識的にもう一度見てみて、自分がどのように環境をとらえているかの「気づき」を得ることが大事です。他の人が自分と同じとらえ方をしているとは限りません。自分の思いを形にすることで環境づくりに活かすことができるようになります。

　そこで、現状の環境に対する「気づき」を広く自由な形で集めることを目的として、キャプション評価法を使った環境の点検を行います。

（1）キャプション評価法とは

　キャプション評価法は、参加者がそれぞれ気になる場所の写真を撮って、その写真にキャプションをつけることで、撮った人の気持ちや評価を明らかにするという「参加型・行動型」の調査法です。「評価」といっても誰かから採点されるわけではなく、参加者自身の評価、つまり皆さんが日頃から気になっている点や思いを言葉にして集めるものです。キャプションは写真と一緒にして、「キャプションカード」をつくります。

　この方法では、「環境」という漠然と見てしまいがちな対象をカメラで切り取り、「視覚化」することによって、課題の発見と抽出に導くことができます。一方、点検には楽しんで参加することができ、他の参加者と意見交換もできるので、施設で多くの人を巻き込んで環境づくりを行う「きっかけ」づくりとしても適した方法です。

（2）キャプション評価法の手順と意味

　キャプション評価法の手順は図１のとおりです。この他、点検範囲の指

Step 2

■図1　施設環境の点検（キャプション評価法）の手順

施設の環境の課題を明らかにし、共有するために、皆さんで環境の点検を行います。

● 気がついたことは何でも記録してください
- 何枚でも構いませんが、5～15枚を目安に
- 自身の意見で
- 欠点（×）だけでなく、よい点（○）も探しましょう
- 写真には写せない過去の出来事や音・においなども、その場所の写真を撮ってコメントしてください
- 段差・手すりなどの機能面ばかりでなく、暮らし・ケアの質にかかわる多様な指摘を心がけましょう
- 「～すればいい」などの改善のアイディアは次の段階で議論しますので、まず今回は、環境のよい点・悪い点が何なのか、までをみつけてください
- 可能ならばさまざまな曜日・時間帯で実行してみましょう

```
┌──────────────────────────────────┐
│ 各参加者はカメラと記録用紙を持って、施設を自由に歩き回る │
└──────────────────────────────────┘
                ↓
┌──────────────────────────────────┐
│ 「あっ」と思う場面、気がついたことなどがあったら、写真を撮影する │
└──────────────────────────────────┘
                ↓
┌──────────────────────────────────┐
│ 撮った写真に対するキャプションを記入する │
└──────────────────────────────────┘
```

● キャプション用紙の記入の仕方
- 「何の・どんな点（誰でもわかる説明）」について、「（自分自身が）どう感じたのか」の2欄にわけて、わかりやすく書きます
- 詳しくたくさん書かれても、読み切れなくなってしまうので、できるだけ簡潔に

【キャプション用紙の例】
- 調査・撮影した日付・時刻を記入　だいたいで結構
- どれかを選んでください
  - ○：よい・好き　など
  - ×：悪い・嫌い　など
  - !?：どちらでもないが何か気になる
- 指定された参加者番号を記入
- 撮った写真の順に番号を振ります
- どの場所を調査・撮影したのかを書きます。普段呼ぶように。
- 誰にとっての評価かを選びます
- 撮った写真とセットにしてカードにします
- ここは後で整理のときに使いますので、記入しないで結構です
- 「何の」「どんな点」について気になったのか、2点を簡潔に明記します
- 上記気になる点に対して、あなたが「どう感じたのか」を簡潔に書きます
- 思いの強さを、3段階の中から選びます

記入例：
日時　2010.4/18 15:00　No. 12
場所　1階西側廊下
対象　利用者・職員・家族・ほか[　]にとっての評価
様々な物が置かれている　ということについて
雑然としている　と思った
すごく／まあまあ／なんとなく　そう思った

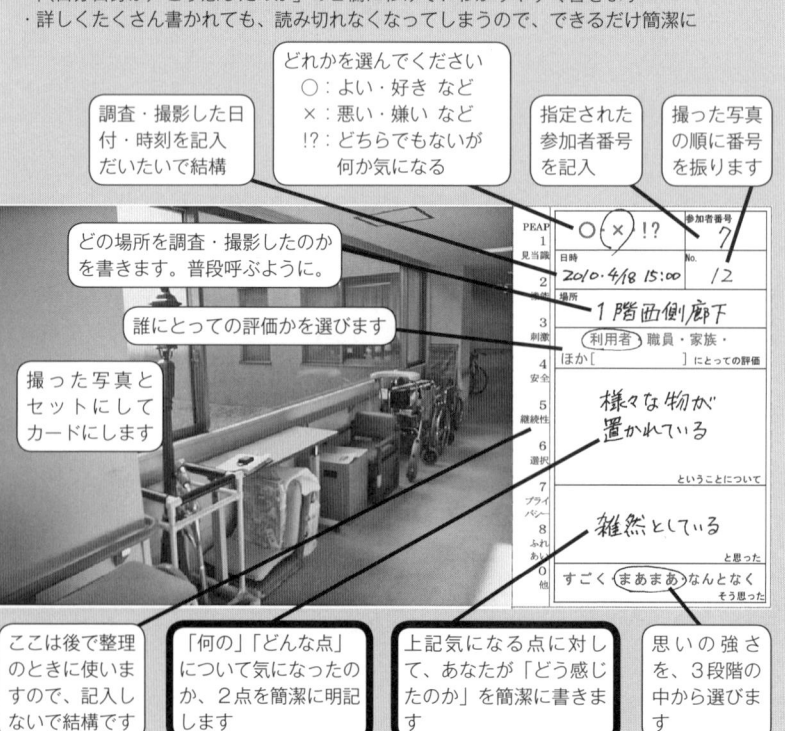

定・締切期日・カメラの使い方・連絡先などを、別途参加者に伝えるといいでしょう。自分たちだけで点検するのではなく、できるだけ多くの人に参加してもらいましょう。

　点検では、参加者は自由に評価する対象を選ぶことができます。自分の気持ちで自分の言葉であれば、どんな意見でも構いません。写真やカードも何枚でも構いません。幅広い意見を収集するためにできる限り参加者の自由にするのが、この方法の原則です。ただし、「決められたとおりの書き方でキャプションを記入すること」、これだけはしっかりと守ってください。

　まずは、気になった状況が、「○（よい、好きなどの肯定的評価）」なのか、「×（悪い・嫌いなどの否定的な評価）」なのかを、選択して明記します。どちらでもないけれど何か気になるという場合のために「!?(その他)」という選択肢もあります。特に施設職員は×ばかりを探してしまいがちですので、自分の施設のよいところ（○）も意識して探すとよいでしょう。

　キャプションで特に大事なのは、「〜ということについて」と「〜と思った」の欄で、しっかりとこの形式にのっとった書き方をすることです。ここではただ評価を集めるのではなく、これを整理して共有することがねらいです。カードは何十枚も集まりますから、後で整理しやすいようにしておかないと、大変なうえに十分に活かせないということになってしまいます。

　「〜ということについて」欄は、「何の」「どんな点」について気になったのか、誰もが読んで納得する「客観的な事実」を説明します。一方、「〜と思った」欄は、その事実に対してその人自身がどう思ったのか「個人的な評価」を記します。人によって考えることは違いますから、恥ずかしがらずに正直に書いてください。

　また、キャプションの表現はできるだけ簡潔になるようにしましょう。長い文章は書くのも読むのも大変です。思いをくみ取ってもらうためには、キャプションは短く簡潔に書くのが効果的です。したがって、記入欄も大きくしてはいけません。

　なお、よくあるのが、「〜したらいい」というような改善案の提案ですが、これを集めるのが点検の目的ではありません。提案することは素晴らしいのですが、他の改善案もあるはずです。なぜ変えたほうがいいと思うのか、その「理由」を書いてください。それが環境の課題そのものであって、

Step2　環境の課題をとらえて、目標を定める　31

Step 2

この段階で知りたいことなのです。図2にさまざまなキャプションの例を示しますので参考にしてください[1]。

■図2　キャプションカードはこんなふうに書こう

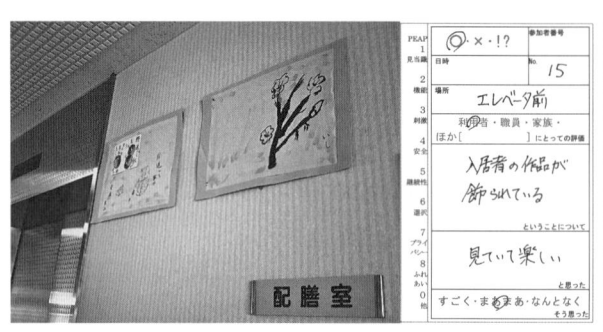

後の作業のために、キャプションの記入は次のような「ルール」どおりに行うことが大切です。
基本方針：形式を揃える＝情報の質を揃える
・とにかく簡潔に
・1枚の写真には1つの評価を
・具体的に（「いかがなものか……」などはNG）
・「どの物・場所」の「どんな点」について「どう思うか」、3点を明記
・「今どうなっているのか」を記す
　（どう変えたいかは、次の段階に考える）

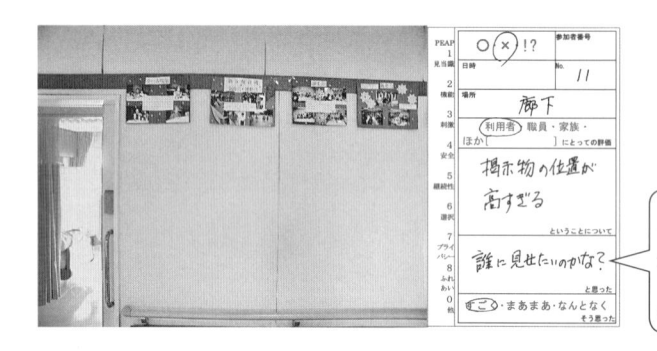

「誰に見せたいのかな？」のような問いかけや反語表現など、まわりくどい表現は活かされません。
「利用者の目線に入りにくくて、見にくい」と言い切りましょう。

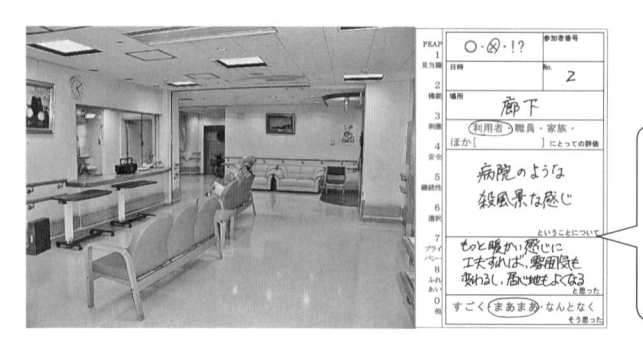

「～と思った」欄に改善アイディアが書かれています。現状に対する評価を書きましょう。
「広い廊下にいすが並ぶ」（ということについて）「病院のようで殺風景、暖かい感じが足りない」（と思った）、などとしましょう。

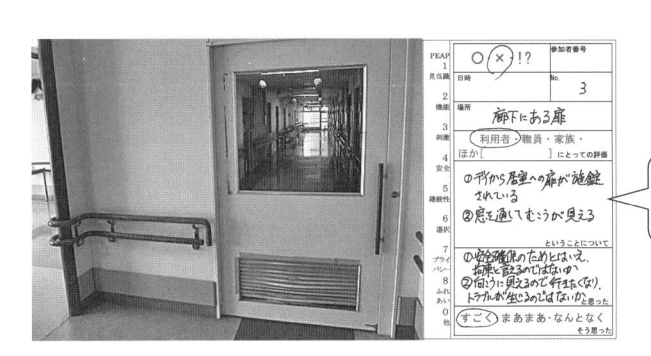

1枚のカードに2つの評価が記入されています。カードを2枚に分けて書きましょう。

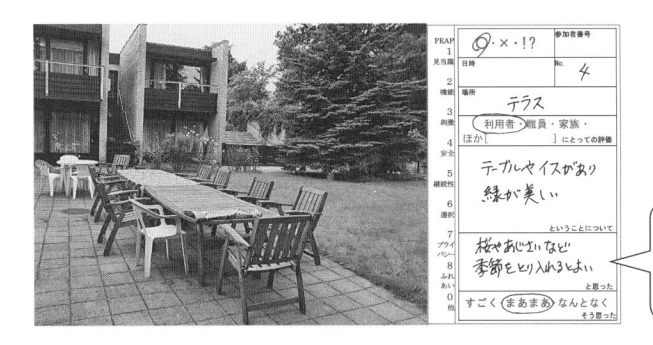

「～と思った」欄にアイディアが書かれています。「気持ちがいい」（と思った）、「落ち着く」（と思った）、というように表現しましょう。

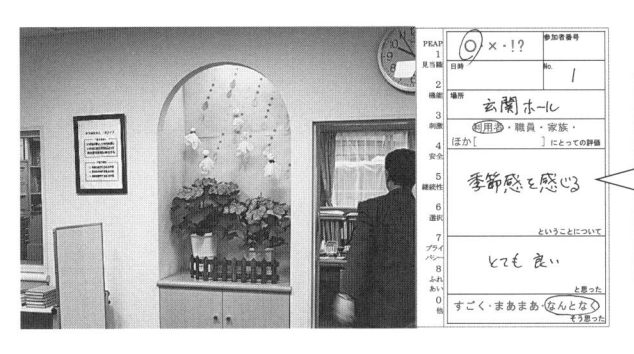

「季節感を感じる」は、「～と思った」欄に書くことです。この欄には、何が季節感を感じさせたのかを書きましょう。どこに注目しているのか、見る人全員がわかるとは限りませんので、説明をしてあげてください。「紫陽花とてるてる坊主の飾り」（ということについて）「季節感を感じる」（と思った）、としてはどうでしょう。

Step2　環境の課題をとらえて、目標を定める　33

（3）環境の点検の実施方法

　先に述べたように、キャプション評価法は参加者の課題をみつけてくる能力を最大限に活かすために、できる限り広く自由に行うのが原則です。点検の実施に当たっては、以下の点に留意するといいでしょう。

●参加者

　介護職員だけでなく、多面的に課題を広く浮き彫りにするために、さまざまな立場からの参加を図りましょう。特に、専門職・管理職の職員の参加は必須です。入居者が参加する場合には、一日記者という設定で、誰かが付き添って会話しながら聴き取っていくと、楽しいレクリエーションにもなります。

・施設の介護職員（他のフロア、他のユニットの職員にも）
・専門職員（看護・調理・リハ・相談員など、立場が違うと視点も変わります）
・管理職（施設長・介護課長・主任など、全員で施設づくりを考えるために）
・入居者本人（誰かが付き添って話を聞き取ります）
・入居者の家族（居室の中など、職員には見えにくいことも指摘してもらえます）
・ボランティア・地域の人（自分が将来入居するとしたら…という視点で）
・その他（学生・実習生・他施設の職員・建築の専門家など客観的な視点で）

●機材

　評価の収集が目的なので、写真はピンぼけでも構いませんし、写真なしでも大丈夫です。ですから、カメラはどんな物でも構いません。施設の物を借りても、自分のカメラでも、携帯電話のカメラでも結構です。デジタルカメラのほうが、データの保存・管理が簡単ですから、お勧めします。

●点検の時間

　一度にやるならば30分〜2時間で可能です。イベント的に一斉でもできますし、時間のあるときを狙って個別に実行することもできます。また、日常の中でいつでもできるように、1週間程度の期限で宿題にするのもよいでしょう。曜日や時間帯によって施設の利用の仕方や雰囲気は変わりますので、できるだけ多様な時間帯で点検するようにしましょう。

●カード化

　課題の整理の前に、集まった写真とキャプションはすぐにカード化しておきます。作業の手間を分散させるためにも、できるだけその場で参加者自身

がやるほうがよいでしょう。一見して誰の意見かわからないほうが何でも言いやすいので、カードには参加者の氏名は書かず、参加者番号を記入して管理します。また、カードは整理作業や回覧・掲示で汚れたり壊れたりするかもしれませんので、控えを取って保管しておきましょう。

●プライバシーの保護、情報管理の配慮

写真撮影の際、プライバシー保護と個人情報管理に配慮したルールや管理方法を決めておくことが大切です。例えば、以下のような感じでしょうか。

・居室内の撮影では入居者の許可を得る
・入居者の顔や個人の生活や持ち物が写った写真は施設外に出さない
・外部の人や第三者がキャプション評価法に参加する場合には、写真を施設外に出さない　など

2 課題を整理・共有し、環境づくりの目標を定める

点検で得られたキャプションカードを使って、課題の整理と共有を図ります。自分とは異なる環境のとらえ方への「気づき」、自分と共有している思いがあることの「気づき」、この発見が環境づくりの推進力になります。こうして認識できた環境に対する「関心の焦点」や「気づき」の共有が、これから始まる環境づくりの方向性・目標を定めることにつながっていきます。

大事なことは、誰かが機械的に作業するのではなく、環境づくりに携わるメンバーが協力して話し合いながら作業していくことです。カードはいわば、話し合いのためのツールです。カードで視覚化された具体的な話題について意見を交換することで、環境の多面性や評価の多様性を理解し、共通の認識のうえで環境づくりにすすんでいく基礎をつくります。

（1）場所別にキャプションカードを分類して公開し、追加の意見を募る

環境づくりは特定の場所を中心としたものですから、カードは場所別に分類しておきます。多くのカードが集まった場所は、それだけ関心の高い場所といえます。

この段階でまず、集まったカードの全部または一部を、介護ステーション

Step 2

や休憩室などに掲示するとよいでしょう。自分の撮った写真が掲示されることで参加者の満足感も得られますし、環境づくりがすすんでいる雰囲気を伝えることができます。キャプションを見て、他の人はこんな見方をしていると気づくだけでも、職員の発想の変革には効果的です。さらに、感じたことや新たな評価・似たような評価など追加の意見を募りましょう。実践編ケース3のかしわ苑の事例のように、掲示ではなくノートを回覧するという方法もあります。

■110頁参照

　なお、キャプションカードを見て、自分の取り組みが評価されていないことでショックを受ける人もいるようです。取り組みが悪いわけでなく意図が伝わらないからだと思いますが、そういう場合のフォローにも、気を配っておく必要があるかもしれません。

(2)キャプションカードをPEAPの次元で整理する

　続いて環境づくりのコアメンバーなど少人数で集まって、キャプションカードを整理します。カードには、キャプションを書くときには使わなかったPEAPの次元を記す欄があります。カードに書かれた個々の環境への気づきがPEAPのどの次元にあたるものか、みんなで一つひとつ話し合って確認しながら、当てはまる次元に○を付けていきます。同時にそのPEAPの次元と、カードに記されている「○・×・!?」の評価を使って、各カードを分類シート上に布置・整理していきます。はじめに学習したPEAPの考え方を、実際の環境に当てはめてみることで、これまでとは違った視点で環境が整理でき、多くの気づきが得られることでしょう。また、実践の中でPEAPを自分のものとして習得するトレーニングでもあります。

　一度に扱うカードは、30～50枚程度が適当でしょう。多すぎるとゴチャゴチャまとまりがなくなり、少なすぎれば把握すべき課題が出てこない可能性もあります。多すぎる場合は、場所別にシートを何枚かに分けるとよいでしょう。作業するときには、ただ作業するのではなく、作業しながら話し合うことが大切で、発言は記録をとっておきましょう。一見くだらない発言でも環境づくりの重要なヒントになるかもしれません。

　作業は38頁の写真のような感じになります。結果を記録するために整理したのが、図3です。布置した結果の全体を見ると、環境の特徴が浮き彫りになってくるはずです。多くの人がよいと評価した事柄は、その場所の長所で

■図3 PEAPにもとづくキャプションカードの分類シート（例）

PEAPにもとづくキャプションカードの分類シート　　作業日付＿＿＿＿＿＿

1) キャプションカードをもとに、施設環境（場所：　**2階全体**　）を見つめてみよう
2) キャプションカードのNo.（または要素など）を該当するすべての次元に記入（複数次元可）
3) 各次元の総合的な評価を記入

PEAPの次元 ＼ キャプションの評価	○に該当	×に該当	!?に該当	各次元の総合評価　環境支援は十分か、または不足か
見当識への支援	〈7枚〉天井の装飾、献立表、絵画、植物、スケジュール表、浴室の暖簾	〈4枚〉掲示といすの関係、季節外れの装飾、廊下のタンス（違和感）	〈3枚〉部屋の名札　廊下の名前のサイン	・掲示物が多い ・あいまい、メリハリなし ・季節の展示・装飾の取外しルールが必要
機能的な能力への支援	〈3枚〉使える冷蔵庫、広い廊下、整容できる場所	〈6枚〉整容の鏡と台、掲示物と家具配置、口腔ケア用品、食堂の通路幅	〈3枚〉食堂の通路幅、木製ベンチ、ベッドサイドの所有物	・食事の姿勢への配慮は誇れる取り組みである ・足したり外したり、少しの工夫で改善できる（鏡・掲示法など） ・整容のあり方と場所は要検討
刺激の質と調整	〈3枚〉装飾品、作品、植物	〈2枚〉カレンダー、殺風景な壁	〈6枚〉食堂ゲート、木製ベンチ、食堂コーナー、廊下の掲示物、プランター	・窓による換気、採光の調整などはうまくいっている ・柔らかく温かな素材 ・TVのあり方は要検討 ・「見当識への支援」を改善できれば、必然的に改善される
安全と安心への支援	〈1枚〉広い廊下	〈14枚〉車いす置き場、廊下の家具類、食堂の通路幅、配膳スペース、非常口前の物など	〈4枚〉食堂内の収納、ベッド柵、廊下の家具、座る場所と見守り	・お互いに姿の見える場所 ・食事時の車いすの置き場 ・廊下の通行の安全性が問題 ・やむを得ない場所もあるが、保管場所を再検討できる
生活の継続性	〈3枚〉居室の所有物、廊下の居場所、装飾	〈1枚〉口腔ケア用品の棚	〈1枚〉整容の道具	・重要。もっと増やしたい ・口腔ケア用品他、物の置き方の工夫 ・廊下で新聞・お茶 ・紙製の装飾物が目立つ
自己選択への支援	〈2枚〉居室の所有物、居室の装飾、廊下の冷蔵庫	〈1枚〉口腔ケア用品棚	〈4枚〉木製ベンチ、スケジュール表、ベッドサイドの所有物	・客観的に自己選択の場・機会が少ない ・落ち着ける場所の提供 ・廊下奥のコーナーはいい
プライバシーの確保	〈2枚〉口腔ケアセット、浴室の暖簾	〈2枚〉口腔ケアセット、廊下のポータブルトイレ		・一人ひとりの気づきや配慮が足りない ・利用者目線、生活観の違う人の見方を取り入れたい
ふれあいの促進	〈3枚〉廊下の装飾、いす・机の配置	〈1枚〉食堂前廊下	〈4枚〉木製ベンチ、食堂、スケジュール表、行事表	・もっと○がほしい ・外部ボランティア・サポーターがおり、機会は増やせる ・食堂の指摘がない、食堂の活用が課題
その他				・職員が働きやすく、ストレス・負担を軽減できるように

◆全体に対する意見
・見当識、機能的能力、安心と安全（マイナス評価）には着目されているが、それ以外の5つの項目に対しての意見・評価が少ない。
・以前より知られている課題で、キャプションカードにあがってきていないものもある。

注：写真の付箋とシートを使った作業の結果を記録用にまとめたもの

Step 2

> **作業の詳細**
> ・詳しい中身は図3を参照ください。
> ・布置するものはカード番号や具体的なものの名前を書いた付箋でも構いませんが、後で掲示することを考慮して、写真のようにキャプションカードの縮小コピーを利用するとわかりやすくなります。
> ・キャプションの意味する事柄が複数のPEAPの次元に関係する場合は、当てはまるすべての次元に布置します。
> ・その他、分類作業の話し合いの最中に出てきた指摘なども付箋などに書いて貼っておいてもいいでしょう。
> ・なお、キャプション記入時と同様に、改善のアイディアを書く場所はありません。作業中に浮かんだアイディアなどは、とりあえず別紙に書き留めておいて、後のステップ3で使えるようにストックしておきましょう。
>
> 実際のキャプション分類作業時の様子

あり、もっと伸ばすような環境づくりが可能です。誰もがダメだという事柄は、改善すると効果が高い重要な課題です。同じ事柄が人によって違う評価となっている場合は、ステップ3で話し合って方向性を選択しないといけない項目です。また、「光る少数意見」に注目することも大切です。

　一方、PEAPの次元による布置の濃淡をみると、意識の高い観点や低い観点が見えてきます。シート上の空いている場所には、何か評価するべき事柄がないか、もう一度考えてみましょう。以前からよく知られている問題が、当たり前すぎて抜けてしまうこともあります。最後に各次元の総合評価と全体に対する意見を記します。

(3) 環境の課題を優先順位をつけて整理し、今回の環境づくりの目標を定める

　分類シートの各次元の総合評価を参考にして、「環境の課題」をいくつか読み取り、環境づくりに取り組むべき優先順位をつけて並べます。まずは優先順位に関係なく、読み取れる環境の課題を付箋を使って複数書き出します。次にその課題を優先順位の高い順番に並べて課題シートに貼っていきます。優先順位は、緊急度の高いもの、影響の大きいものなどいくつかの考え方がありますが、十分話し合って決めましょう。さらに各課題に関係する場所を記入していきます。多くの課題で何度も出てくる場所、そこが施設の環境にとって大事な場所です。

■図4　課題シート（例）

順位	課題	場所	食堂	食堂前廊下	東廊下	南廊下	居室	浴室
1	自己選択の場・機会が少ない	食堂・廊下・居室　ほか	○	○	○	○	○	○
2	廊下のスペースを有効に活用したい	廊下		○	○	○		
3	食堂が居場所として活用されていない	食堂・食堂前廊下・東廊下	○	○	○			
4	季節の展示・装飾の取外しルールが必要	廊下・食堂	○	○	○			
5	生活の継続性やプライバシー・見当識に配慮した物の配置	居室・食堂・食堂前廊下	○	○			○	○
6	環境づくりを行う主な場所を、かかわる課題の多い「食堂＋食堂前廊下」に決定							

注1：「課題」欄は、付箋に書いた環境の課題を優先順位の順番に貼り込んだもの
注2：各場所の欄は「場所」欄に記された場所名を自ら記し、該当箇所をわかりやすくしたもの
注3：図3の作業の結果を受けて、課題を抽出した事例

Step 2

　この課題シートの結果を受けて、今回の環境づくりの場所を決めます。そして最後にその選んだ場所に関係する課題を解決するように、ステップ3以降の環境づくりに取り組んでいく「大きな目標」を話し合って、「目標設定シート」に書き込みます。このシートには、①環境づくりをする場所はどこか、②その場所を選んだ理由、③誰のためにするのか、④どんな環境にしたいのか、を記入します（図5参照）。

　目標設定シートで立てた目標が、「いつでもお茶を飲めるようにしよう」や「金魚鉢を置こう」というように具体的な改善アイディアだったり、また逆に「入居者の生活の質を向上させよう」といったように抽象的すぎる目標になっていると、ステップ3で暮らし方シミュレーションを描くことが難しくなります。立てた目標が適切か、次のチェックポイントでチェックしてみましょう。場所も限定的で簡単にできるような小さな課題については、全体の環境づくりの目標にはせずに、個別にドンドン改善をしていくくらいのフットワークの軽さも必要です。

チェックポイント

☐ 「生活者の視点に立った暮らし」を実現するための目標になっていますか

☐ 介助する側の作業効率向上のための目標になっていませんか

☐ キャプション評価を通して、自分たちの気づきに基づいた目標になっていますか

☐ 暮らしのイメージを共有できるような目標になっていますか

☐ 施設の理念やケア・運営の考え方を視野に入れた目標になっていますか

☐ 関係者がみんなで協力して、役割を分担して取り組める目標になっていますか

☐ 抽象的で漠然とした目標になっていませんか。逆に、具体的に絞りすぎていませんか

☐ 入居者の暮らしに結びつかない、単純な物理的環境の改善になっていませんか

できあがった「分類シート」「課題シート」「目標設定シート」はキャプションカードのときと同様に、どこかに掲示してまた意見を募りましょう。なお、今回の目標から外れる課題や場所は、次の環境づくりの際に有力候補になるものですから、整理した結果を次の機会にも活かせるように、記録・保管しておいてください。

■図5　目標設定シート（例）

環境づくりをする場所はどこですか？
環境づくりをする場所は　2階食堂・食堂前廊下　です。
　　この場所の選んだ理由は、　自己選択できる機会・場の少ない環境　だからです。

誰のためにやるんですか？
私たちは、その場所を　2階の入居者　にとって、

で、どんな「環境」にしましょうか？
　　　自分で過ごし方を「選べる」　　　ような「環境」にします！

（古賀誉章・児玉桂子・沼田恭子）

文献
1）児玉桂子・古賀誉章・小島隆矢ほか「認知症高齢者への環境支援指針（PEAP）を用いた施設環境づくり実践ハンドブック Part 3―ワークショップ：環境への気づきを高め、共有する―」日本認知症ケア学会特別重点課題研究「認知症ケア実践のための施設環境づくり」プロジェクト・日本建築学会認知症ケア環境小委員会（児玉桂子代表）、2005年、6〜13頁
● 古賀誉章・皇俊之・宗方淳・小島隆矢・平手小太郎「キャプション評価法を用いた高齢者福祉施設の生活環境評価―利用者自身による高齢者福祉施設の生活環境評価　その1―」『日本建築学会計画系論文集』No.600、2006年、33〜39頁
● 古賀誉章「キャプション評価法で生活環境への利用者自身の評価を探る」『日本生理人類学会誌』Vol.12、No.2、2007年、65〜70頁

注
● キャプションカード、キャプションカード分類シート、課題シート、目標設定シートは、http://www.kankyozukuri.com/からダウンロードできます。
● キャプションカード分類シート、課題シート、目標設定シートは、練馬区社会福祉事業団富士見台特別養護老人ホームの環境づくりにおいて取り組まれた成果物を元にわかりやすく再編したものです。

Step 3 環境づくりの計画を立てる

1 環境づくりの計画立案に向けて

　ステップ2では、施設環境をキャプション評価法でとらえ、それをPEAPの次元に沿って整理し、環境づくりをする場所と目標が示されました。

　ステップ3では、いよいよ施設環境の課題解決に向けて、実現したい暮らしを描き、具体的なアイディア出しへとすすんでいきます。用意されている2種類のツール[1]は、豊かな発想と活発なコミュニケーションを支援するように工夫されています。施設の現状に縛られすぎて初めから無理だと決めつけずに、これらのツールを活用して、なるべく多くアイディアが出るように、柔軟に考えてみましょう。多様なアイディアを生み出すには、介護職員だけでなく、施設内の多職種、さらに可能であれば入居者や家族、建築などの専門職の参加も大切です。

2 環境づくりの計画立案に向けての各種シートの活用

（1）実現したい暮らし方のシミュレーション
●生活者の視点で暮らし方をシミュレーションする

　認知症高齢者は転倒事故への心配やコミュニケーションの困難さから、その人らしさや残存能力を発揮する機会を奪われがちです。しかし今日、認知症ケアは心理・行動症状への対症療法から、個人のニーズを大切にするパーソン・センタード・ケアへと流れが大きく変わっています。

　暮らし方シミュレーションの目的は、介護の受け手としての暮らしから、生活の主人公として望ましい暮らし方へ変えていくことにあります。介護の視点のみでなく、入居者や家族の希望、もし自分がこの場所で生活するとしたら、どのような暮らしを望むかという生活者の視点を中心に据えて、暮らしをイメージすることが大切です。

●1日の暮らしを具体的にシミュレーションする

　「暮らし方シミュレーション・シート」は、掲げた目標が実現した環境で、望ましい暮らしの個別のシーンを具体的に思い描くためのツールです。シートの中央に環境づくりの対象とする「人」と「場所」を記入します。次

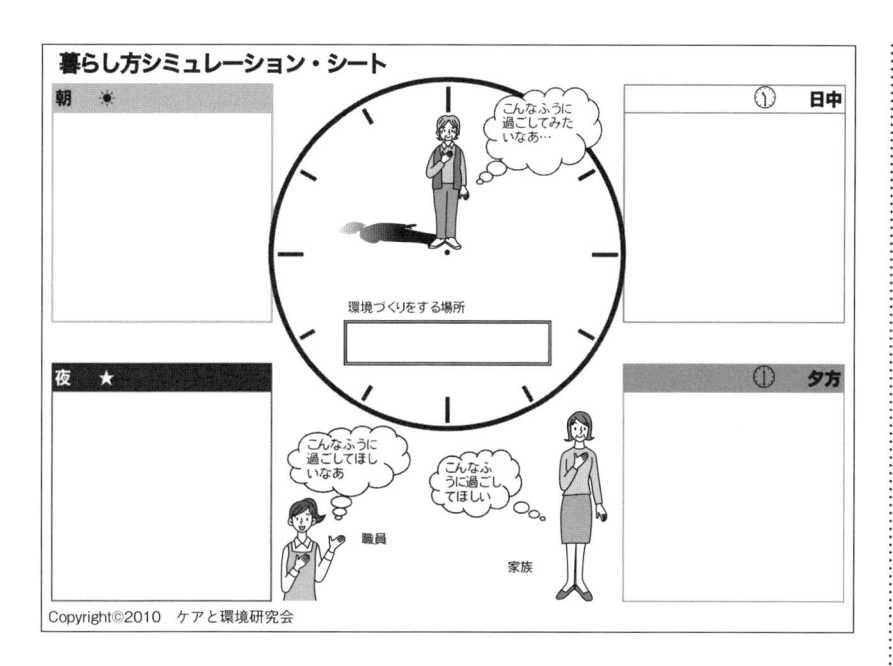

[図：暮らし方シミュレーション・シート]

に、1日の生活時間帯ごとに、環境づくりの対象とする場所で、どのように過ごすかを、具体的にイメージしていきます。その場所での「暮らし」を十分イメージせずに取り組むと、表層的に「設え」を変えるだけの環境づくりに終わってしまい、その結果「使われない」環境になってしまいます。ここでは、現実の施設の暮らし方や環境に縛られずに、理想とするレベルの暮らし方をイメージしましょう。

(2) 環境づくりのアイディア出し

目標設定シートで掲げた目標に向かって、暮らし方シミュレーションでイメージした入居者の暮らしを実現するために何をしたらよいのか、暮らしを変えるアイディアを環境の3要素（物理的・ケア的・運営的環境）とPEAPの次元から引き出し、実行のしやすさの評価軸に沿って整理していくツールが「環境づくりアイディアシート」です。「環境づくりアイディアシート」を活用して、多様なアイディアを出していきましょう。

●環境づくりのアイディアを書き出そう

設定した目標に沿って、入居者の望ましい暮らしを実現するためのアイディアを、なるべく多く自由に出していきます。思いついたアイディアを、そのまま思い切って出しましょう。こんなことを言ったら笑われそうだと

Step 3

環境づくりアイディアシート

NO. ＿＿＿＿＿＿　　　グループ名 ＿＿＿＿＿＿

　　年　月　日

環境づくりをする場所は＿＿＿＿＿＿＿です。私たちはその場所を＿＿＿＿＿＿＿にとって、＿＿＿＿＿＿＿な「環境」にします！

環境づくりへの実行しやすさ

実行しやすい ←―――――――――――――――――――→ 実行しにくい

PEAPの8次元				
	見当識への支援について (入居者の見当識を物理・社会・時間的に支援する)			
	機能的な能力の支援について (日常生活における自立活動を維持・継続する)			
	刺激の質と調整について (入居者の適応を促したり順性に働きかけたりする刺激、ストレスにならない刺激の質を確保し調整する)			
	安全と安心の支援について (安全を脅かすものを最小限にし、安心を最大限に高める)			
	生活の継続性について (個人的な物の所有、非施設的環境づくり)			
	自己選択の支援について (物理的環境や施設方針によって入居者の自己選択が図れるような支援)			
	プライバシーの確保について (入居者のニーズに対応して、ひとりになったり、他との交流が選択的に図れるような状況づくり)			
	ふれあいの促進について (社会的接触と他者との相互作用の促進)			
8次元以外の項目				

アイデアの色分け　物理的環境〔　　〕　ケア的環境〔　　〕　運営的環境〔　　〕

Copyright©2010　ケアと環境研究会

か、とても実現不可能だと考える必要はありません。みんなで自由にアイディアを出し合う中から、豊かな発想が生まれます。特に、暮らし方シミュレーションを読み直し、その場所で個別の人を思い浮かべて暮らしのシーンを思い描くと、具体的なアイディアが出やすくなります。

そのアイディアを付箋に書き出します。アイディアを書き出すときに、3色の付箋を用意して使い分けると、視点を変えて考える助けになります。1つのアイディアが、2色以上の付箋紙に書かれることもあります。

【色分けの例】
　青…物理的環境（建物、設備、福祉用具、家具、小物、掲示物、衣類等）
　黄…ケア的環境（職員のかかわり、働きかけ、ケアの仕方、意識等）
　赤…運営的環境（運営方針、ルール、スケジュール、業務計画、職員配
　　　　　　　　置、必要経費、許可が必要な改修等）

●アイディアをPEAPの次元に沿って置いてみよう

みんなで出し合ったアイディアの付箋を、アイディアシートに貼り込んでいきます。アイディアシートは、縦軸にPEAPの8次元が、横軸に実行しやすさがとってあります。左に行くほど「実行しやすく」、右に行くほど「実行しにくい」となっています。

付箋に書き出したアイディアで期待する効果が、PEAPの8次元の何に関係するのか、そして実行しやすいのか、しにくいのか。それによって、アイディアシートのどこに貼り付ければよいのかが決まります。1つのアイディアが、PEAPの複数の次元にかかわる場合には、同じアイディアを複数の付箋に書いて貼るとよいでしょう。

貼り付ける位置は、参加者が話し合って決めていきます。介護職員の立場でできることは「実行しやすい」となりますが、「実行しにくい」ことも、なぜそのように評価するのかを考え、他部署の職員や建築などの専門職と話し合うことにより、簡単な解決案が見えてくることもあります。「実行しやすさ」を話し合うときには、運営上の判断ができる管理職にも参加してもらいましょう。

アイディア出し作業（富士見台特養）

Step3　環境づくりの計画を立てる　45

Step 3

●アイディア出し作業のチェックポイント

　アイディアを書いた3色の付箋が貼られたアイディアシート全体を眺めると、付箋の色や実行しやすさの偏り、アイディアが少ないPEAPの次元が一目でわかります。以下の項目をチェックして、足りない部分のアイディアをさらに考えてみましょう。

> チェックポイント
> ☐　環境づくりというと、物理的環境のアイディアが多くなりがちです。同じ目標を達成するために必要なケア的環境のアイディアが十分出されていますか
> ☐　PEAPの次元で、アイディアの少ない次元はないですか
> ☐　実行しやすいアイディアに偏っていませんか。実行のしにくいアイディアも出して、長い目で取り組みましょう
> ☐　思いつきのアイディアではなく、暮らしやケアの質の向上につながるものが出ていますか。「生活者の視点に立った暮らし」を実現するための目標になっていますか

　環境課題の解決へのアイディアを広く集めるため、アイディアシートを掲示したり、取り組みの経過や作業状況を伝える中間報告会を行うことは、この後に続くステップに多くの職員を巻き込むうえでも有効です。

3　計画立案の実施

　ここでは、練馬区社会福祉事業団富士見台特別養護老人ホーム（以下、富士見台特養）の事例を用いて、ステップ3の取り組み方について説明します。なお、富士見台特養は、1994（平成6）年に開設した定員50名の小規模な施設であり、空間にゆとりがないことが悩みです。

　ステップ2の「目標設定シート」では、2階の食堂と廊下が取り上げられ、2階の入居者を対象に、「自分で過ごし方を選べる」ような環境を目標としました。

（1）暮らし方シミュレーションの実践例

　図1は富士見台特養の環境づくりでの「暮らし方シミュレーション・シート」です。2階の入居者を対象にして、2階の食堂と廊下を環境づくりの対象としました。暮らし方の中に、フレックスタイムの食事があげられているのは、サービス側の都合で決められた時間ではなく、自分の好きなときにマイペースで食事をしたいという考えによるものです。この例のように、暮らし方をできるだけ具体的にイメージしてみましょう。

（2）アイディア出しシートの実践例

　富士見台特養のアイディアシート（図2）では、場所は「2階の食堂と廊下」で、「2階の入居者」にとって、「自分で過ごし方を選べる」環境にするという目標が上段に書かれています。この施設では、キャプション評価を行った段階で、気づきを共有できた整理整頓など簡単にできる課題は、次々に解決されていきました。残されていた環境課題の解決に、14のアイディアを取り上げて、シート上に付置しました。

　例えば、ケア的環境である「個人にあった食事の席」について、富士見台特養ではすでに車いすからいすに座り換えて食事をすることや、誤嚥を予防

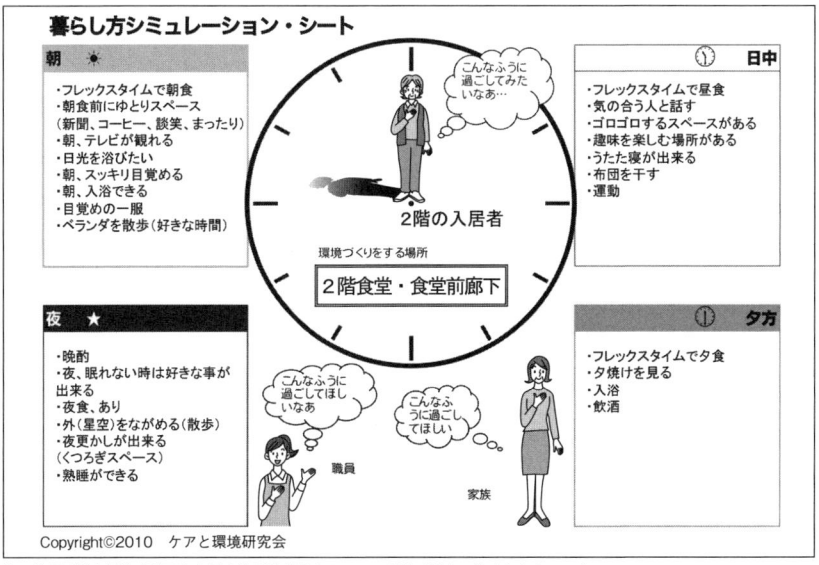

■図1　暮らし方シミュレーション・シート

注：練馬区社会福祉事業団富士見台特別養護老人ホームの環境づくりで作成されたシート

Step3　環境づくりの計画を立てる

Step 3

■図2　環境づくりアイディアシート

環境づくりをする場所は（2階食堂・食堂前廊下）です。私たちはその場所を（2階の入居者）にとって、（自分で過ごし方を「選べる」よう）な「環境」にします！

環境づくりへの実行しやすさ＼次元	実行しやすい　←――――――――――――――――→　実行しにくい		
見当識への支援 入居者の見当識を物理的・社会的・時間的に支援	日程表 2F奥非常口の鍵交換	掲示物移動 廊下に目隠し 季節に合ったプランター維持	装飾担当がいる
機能的な能力への支援 日常生活における自立活動を維持・継続する	姿見を用意 整容ラック 個人にあった食事の席	掲示物移動 お客様と協働作業（ケアプラン連動） 食堂・キッチン整理	装飾担当がいる
刺激の質と調整 入居者の適応を助け、ストレスにならない刺激の質を確保して、調整する	日程表 木製ベンチの活用意識	掲示物移動 廊下に目隠し 季節に合ったプランター維持 お客様と協働作業（ケアプラン連動）	洗濯要員 装飾担当がいる
安全と安心への支援 安全を脅かすものを最小にして、安全を最大に	2F奥非常口の鍵交換 個人にあった食事の席	食堂・キッチン整理	洗濯要員
生活の継続性 個人的なものの所有、非施設的な環境づくり	姿見を用意 整容ラック	掲示物移動 廊下に目隠し	装飾担当がいる

	個人にあった食事の席	季節に合ったプランター維持	
		お客様と協働作業（ケアプラン連動）	
自己選択への支援 物理的環境や施設の方針によって入居者の自己選択を図る	姿見を用意		
	日程表		
	個人にあった食事の席		
	木製ベンチの活用意識		
プライバシーの確保 入居者のニーズに対応し一人になったり、他との交流が選択的に図れる	木製ベンチの活用意識	廊下に目隠し	
ふれあいの促進 社会的な接触と他社との交流の促進	日程表	ＴＶ薄型	装飾担当がいる
	2F奥非常口の鍵交換	掲示物移動	
	個人にあった食事の席	季節に合ったプランター維持	
	木製ベンチの活用意識	お客様と協働作業（ケアプラン連動）	
その他 上記に当てはまらないもの			
	物理的環境	ケア的環境	運営的環境

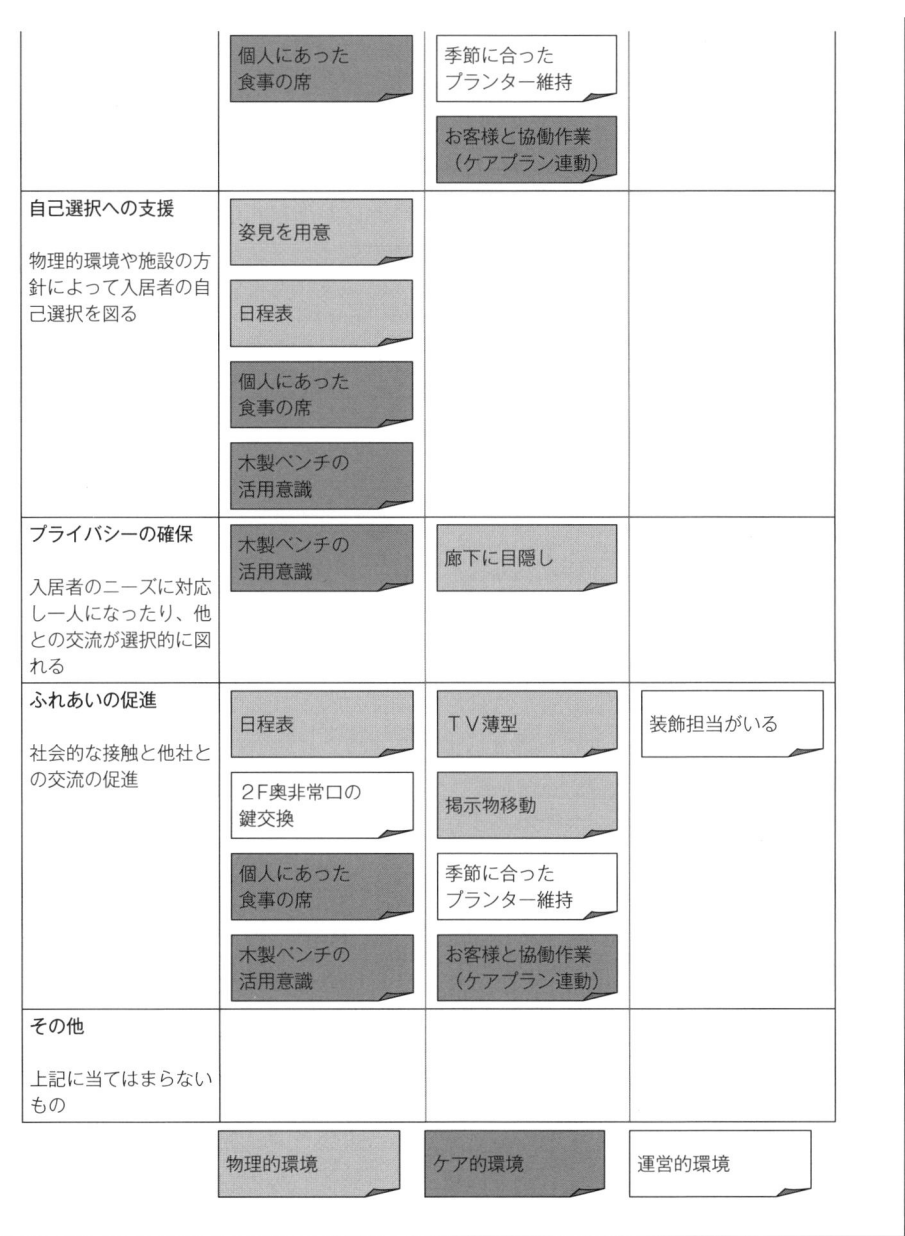

注：練馬区社会福祉事業団富士見台特別養護老人ホームの環境づくりで作成されたシート

Step3　環境づくりの計画を立てる　　49

する食事の姿勢調整などに取り組み、実績を上げています。アイディア出しの中でさらに、入居者同士の関係性、食事の安全性、食卓を囲む喜びなどへの工夫を重ねて、「安全と安心への支援」「生活の継続性」「自己選択への支援」「ふれあいの促進」などを高めることが話し合われました。このように富士見台特養では、「個人にあった食事の席」は、PEAPの多くの次元と関連する多様な内容を含んでいるにもかかわらず、これまでの経験を踏まえて「実行しやすい」と判断されました。

　アイディアシートを活用して話し合うと、施設の状況により同じアイディアでも、関係するPEAPの次元や実施の難易度の評価が異なってくるでしょう。現状の施設環境を踏まえて、自分たちの施設の良さを引き出せるように、できることから柔軟に取り組みましょう。

（児玉桂子・沼田恭子・古賀誉章）

文献

1）児玉桂子・古賀誉章・小島隆矢ほか「認知症高齢者への環境支援指針（PEAP）を用いた施設環境づくり実践ハンドブックPart 3―ワークショップ：環境への気づきを高め、共有する―」日本認知症ケア学会特別重点課題研究「認知症ケア実践のための施設環境づくり」プロジェクト・日本建築学会認知症ケア環境小委員会（児玉桂子代表）、2005年、16～22頁

注

●暮らし方シミュレーション・シート、環境づくりアイディアシートは、http://www.kankyozukuri.com/からダウンロードできます。

Step 4 環境づくりを実施する

1 環境づくりの実施に向けての検討

　ステップ3では、環境づくりの目標を掲げて、このような暮らし方がしたいというイメージを描き、その実現に向けた環境づくりのアイディアがたくさん出され、期待する効果についても話し合われました。ステップ4は、アイディアが目に見える形になっていく楽しいプロセスですが、多くの介護職員にとっては、経験したことのない作業でしょう。そこで、ステップ3で出されたアイディアの中から実際に取り組む項目を選び出し、以下のシートを活用して個別の条件を整理し、ここで紹介する事例や実践編の取り組みを参考に、すぐにできることから取り組んでみましょう。実施する中で気づくことも多く、環境づくりの果たす役割もわかりやすくなります。

2 実施条件の検討シートの記入

　個々の環境づくりアイディアについて、実行のしやすさや入居者の暮らしにとってどの程度の質の向上が期待できるかという波及効果を考え、どのように条件を整えれば実施できるかを検討するツールが「実施条件の検討シート」です（表1）。介護職員だけで考えるのではなく、建築などの専門職に相談できると、多様な解決方法がみつかるでしょう。また、このステップでは管理職との連携も必要です。

●実行のしやすさと波及効果

　環境づくりによって環境が変えられることを実感するには、実行のしやすいもの、目に見えて変化がわかりやすいもの、入居者の暮らしやケアに波及効果が大きいものをまず選ぶとよいでしょう。実行のしにくいものも、あきらめずに別の対応方法や次年度の事業計画などで検討していきましょう。

　各アイディアがどのくらい実行しやすいか、波及効果があるかを判断するには、ステップ3で作成したアイディアシートの「実行しやすさ」や「PEAPの次元」が参考になります。PEAPの複数の次元にかかわるアイディアは、認知症高齢者の暮らしやケアに大きな波及効果を与えるものといえます。

■44頁参照

Step 4

■表1　実施条件の検討シート

アイディア	実行のしやすさ ○しやすい △ ×しにくい	波及効果 ○高い △ ×低い	必要条件の整理 ・暮らし・ケアからの要件 ・物理的要件 ・運営的要件	対応の方法 物理的対応 工夫	対応の方法 物理的対応 購入	対応の方法 物理的対応 工事	ケア的対応	運営的対応
(1)居心地のよいコーナーをつくる	○	○	・不要な物品を片づける ・既存家具を活用する、他の場所から移動 ・座ったときに見える物を整える（素材、色彩、高さ） ・工夫の時間と人を確保	○				
(2)整容スペースの姿見（鏡）を用意する	○	○	・割れない鏡を選ぶ ・車いすで見やすい高さに設置 ・物品の選定、時間、人、予算の確保		○			
(3)廊下奥の非常口の鍵の交換	△	○	・安全管理上の判断（運営） ・鍵の選定、取付け条件の検討（施工業者に相談） ・予算の確保と日程の調整			○ 軽微なもの		○ 安全管理
(4)談話コーナーを整える	△	○	・不要な物品を片づける ・造作カウンターの撤去 ・ロールスクリーンの選定（光の透過性、防火性能） ・取付けの施工条件の調整（予算、日程） ・既存家具の活用、他の場所から移動、配置 ・座ったときに見える物を整える（素材、色彩、高さ） ・工夫の時間と人を確保	○		○ 簡単にできるもの		○ 承認
(5)設備工事を伴う食堂の改修工事	×	○	・改修工事の計画（使い勝手；生活ゾーンと動線の検討） 　→専門技術的な相談 ・既存建物や設備の施工条件 ・工事実施の調整（予算、日程） ・騒音、ほこり、臭い対策 ・工事中の暮らし方の工夫			○ 大掛かりなもの		○ 事業承認

●必要条件の整理

　アイディアを実施するために、暮らしやケアからみて必要な条件は何か、性能や形など物理的条件として現状はどうなっていて何が求められているか、予算や人手などかかわってくる運営的条件は何かを整理すれば、アイディアの実現に向けて対処の必要な事項が明らかになっていきます。検討

シートの記載事項や後述の実践例を参考にして、施設ごとの個別事情に合わせて考えてみましょう。

●対応方法の検討

次に、アイディアを実施するために、必要な対応方法や手順を検討します。①物理的な対応として、物品の購入や工事だけでなく、住み方や使い方での多様な対応方法があることは、これまでにいろいろ学習してきました（ステップ１の図３参照）。②ケアでの対応とは、「季節感を感じられるように散歩に取り組む」といったように、物理的環境を変更することなく、ケアを中心とした取り組みを指します。実施された環境を、介護職員がかかわって、暮らしやケアプランに活かしていくプロセスは、次のステップ５で取り上げます。③運営的対応とは、予算化や管理職による承認が必要な事項が該当します。このように対応方法が明確になると、限られた時間や予算の中で、どのアイディアから実行することが効果的なのか、自ずと整理がついてきます。

■14頁参照

3 環境づくりの実施

ここでは、実施計画の立案といくつかの施設で取り組まれた環境づくりの実践例をみていきましょう。

（1）実施計画の立案

実施するアイディアが決まってくると、どのような作業があるのか、誰が担当するのか、作業時間、必要な予算などについて、実施のための計画を立てる必要があります。

特に物理的な環境づくりに必要な作業として、打ち合わせ、片づけ、物品の移動や配置、下見、買い物、制作などの作業が考えられます。取り組みに使える時間が限られる介護職員にとって、物品の購入にインターネットや通信販売を使うと便利ですが、家具などの仕上がりの質感や丈夫さ、色彩やサイズなどが想像と違って、場所になじまず、使い勝手が悪かったという失敗例もありました。なるべく手にとって確かめて、購入するようにしましょう。また、施設には、あまり使われず倉庫などに眠っている家具などがあり

Step4　環境づくりを実施する　53

Step 4

ます。新品を購入する前に、まず既存のもので試してみるのは賢い方法です。

　環境づくりの実施は、テーマごとに職員の作業グループを編成したり、ボランティアの協力を得たり、コアメンバーだけに負担が集中しないような配慮が必要です。実施後には、環境を維持し活用していけるように、環境づくりを業務の中に位置づけていくことが望まれます。

　大規模な改修を伴わない介護職員による環境づくりの予算は、5〜10万円程度の予算のところから、実践編ケース1清雅苑のように1フロア40万円を用意した施設まで、幅があります。あまりお金をかけなくても、有効な環境づくりは可能ですが、たえず変化する入居者に応じて暮らしの質を高めて良好に保つためには、継続して予算化していくことが大切です。

■89頁参照

（2）事例から環境づくりの実践方法を学ぶ

　ここでは、小規模な環境づくりから工事を伴うものまで、環境づくり事例を通じて、アイディアを実践に移していく方法を学びましょう。

●事例：（1）居心地のよいコーナーをつくる

　この施設では、改修工事によりデイルームを増設したにもかかわらず、寒色系のインテリアや置かれていた家具の質感により寒々とした印象を与えるため、人が寄りつかず、あまり使われませんでした。そこで、「居心地のよいコーナーをつくる」というアイディアが出されました。このアイディアは、ステップ3の「環境づくりアイディアシート」では「実行しやすい」と評価され、居心地のよいコーナーができれば、居場所の選択やふれあいの促進が図られ、入居者の暮らしへの波及効果が高いと考えられました。

　アイディアを実行する条件として、①不要なものの片づけ、②現在のスチール家具を施設内にある家庭的な雰囲気の木製家具と交換する、③殺風景な壁に色彩豊かな絵画を掛けて、時計も見やすい高さにする、④柔らかな質感や温かい色彩の備品や小物を置く、があげられました。これらはすべて、工事を伴わない介護職員の工夫レベルの対応で実行可能なものばかりでした。

　実施後、ここは認知症の方が少人数で朝食をとり、午前中をゆっくり過ごせる場所になりました（写真）。

環境づくり前　　　　　　　　　　環境づくり後

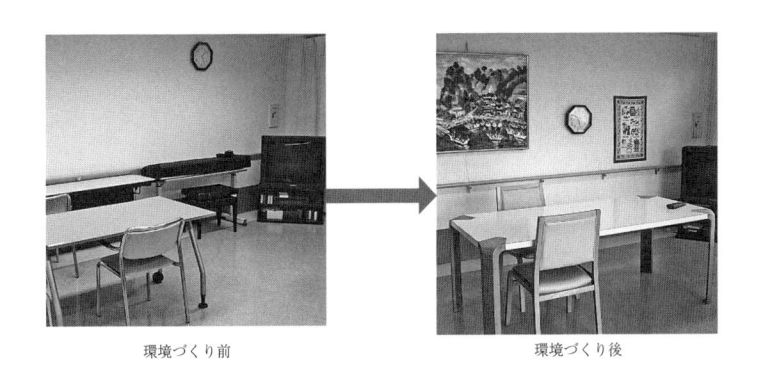

●事例：（2）整容スペースに姿見（鏡）を用意する

　入居者が集まる食堂に入る手前、介護職員室のカウンター沿いに整容スペースが設けられましたが、なぜか鏡がありませんでした。そのため「姿見を用意する」というアイディアが出され、それを実行する条件を考えた結果、①割れない鏡を選ぶ、②車いすでも見やすい高さに設置する、となりました。これは介護職員だけでも「実行しやすい」簡単な取り組みですが、機能的な能力への支援、生活の継続性や自己選択、ふれあいの促進の次元で、入居者の暮らしにかかわり、わかりやすい波及効果が得られると見込めました。

　実行する条件として、既製品の割れない鏡を購入しなくても、ミラーシートを使って適切なサイズの鏡を自分たちでつくれることがわかりました。ここでは材料の購入だけでなく、製作や設置の時間の確保が条件になりました。

　実施した結果、大勢の人に出会う食堂に入る前に、姿見を見ながら身だしなみを整えるという、気配りに基づいた普通の暮らしの行為を取り戻せました。

●事例：（3）廊下突き当たりの非常口の鍵の交換

　非常口の鍵の交換は軽微な工事でも、①施設の安全管理のうえで管理者の承認を経て、②鍵の選定や工事を専門業者に依頼して、初めて実施の条件が整います。

　鍵を交換するという安全と安心の支援策をすれば、出入り口に近づかないように置いていたタンスを撤去でき、使えるスペースが広がるため、ふれあ

Step 4

いの場所づくりが可能になるという大きな波及効果が期待できます。鍵を交換した後の居場所の設えなどは、前述の事例「(1) 居心地のよいコーナーをつくる」のように介護職員が自分たちで実行できることです。一連の環境づくりによる環境変化は、ステップ6の表2の写真のように、使われていなかった廊下の突き当たりが、少人数でテレビを楽しむラウンジに変身しました。

■73頁参照

この事例のように廊下を暮らしの場として活かす場合には、緊急時の避難経路に当たる通路の幅を十分に確保し、経路の途中に設ける「のれん」には防炎加工された布地を選ぶなど、防災対策と安全確保に配慮する必要があります。

●事例：(4) 談話コーナーを整える

この施設では、食堂のテーブル以外に入居者や家族が過ごせる場所がありませんでした。そこで、食堂の一部に「談話コーナーを整える」というアイディアが出されました。

入居者や家族の居場所が増えれば、ふれあいの促進になり波及効果が大きいのですが、ステップ3の「環境づくりアイディアシート」では、カウンターの撤去工事が条件となるため実行はやや難しいと判断されました。自分たちで施工業者の見積りを取った結果、予算が合わず、あきらめかけていましたが、建築の専門家の協力を得て実施に至った事例です（実践編ケース1参照）。

■93頁参照

アイディアを実施する条件として、①不要なものの片づけ、②造作カウンターの撤去（改修工事）③ロールスクリーンの選定と取付け、④施工条件や予算の検討、⑤家具の選定、⑥インテリアを整える、などがあげられました。これらの実施には、「環境の工夫」「小規模な工事」「管理側の承認」が必要なことがわかりました。

●事例：(5) 食堂の改修工事

この施設では移動に車いすを使う入居者が増え、食堂内のスペースが手狭になっていただけでなく、買い換えた配膳車は保温性能が高まった代わりにスペースをとるようになり、既存の配膳スペースでは移動も困難な状況でした。環境づくりの取り組みの相談を受けて施設を訪問した設計者から、食堂内のスペースの使い勝手を見直し、配膳カウンターを撤去し、洗面カウン

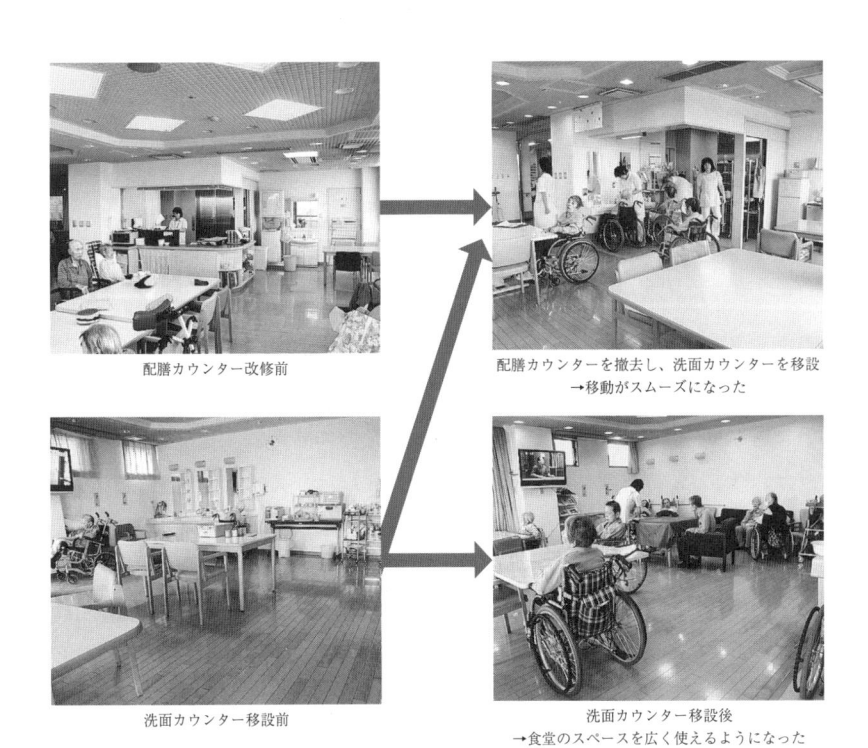

配膳カウンター改修前　　　　　配膳カウンターを撤去し、洗面カウンターを移設
　　　　　　　　　　　　　　　→移動がスムーズになった

洗面カウンター移設前　　　　　洗面カウンター移設後
　　　　　　　　　　　　　　　→食堂のスペースを広く使えるようになった

ターを移設することにより、ゾーニングと動線を改善し食堂を広く使う計画が提案されました（写真）。この事例のような食事の場の改修計画は、入居者の暮らしへの波及効果の大きいことがわかっていても、設備工事を伴い施工業者が行う大掛かりな工事であれば、実行しにくいといえます。

　通常の施設改修の計画では、介護職員が入居者の暮らしや使い勝手といった課題を施設の運営管理の担当者に伝え、その担当者が設計者に伝えて相談することから始まります。現場の課題を解決するために、介護職員が直接かかわらないケースがほとんどです。また、介護職員が計画を立てるには、既存施設の建築や設備の技術的条件の把握が難しく、自分たちで解決案を決めつけすぎるとかえって大掛かりで困難な工事になることがあります。反対に、高齢者の暮らしや介護現場のことを知らない設計者に任せてしまうと、望んでいる方向と異なるような結果になりかねません。現場の職員が改修工事にかかわり、設計者と相互に意思疎通を図り、柔軟に対処することが重要です。

解説編

Step4　環境づくりを実施する　57

Step 4

　計画がまとまっても、改修工事の実施には、施設の運営管理者の承認を得るだけでなく、工事費を確保し、施工時期を調整する必要があります。

　認知症高齢者が暮らす施設では、施工中の騒音やほこり、臭いなどの影響で混乱を招かないために、入居者の暮らしに合わせて工事の時間を選ぶなど、通常の工事以上に細やかな配慮が求められます（実践編ケース２参照）。

■102〜104頁参照

　この他にも、「環境づくり.com」で、取り組みの参考になる環境づくりの実践事例を見ることができます（http://www.kankyozukuri.com/）。

　以上のように環境づくりの実施には、施設職員が自分たちで工夫できるものから、専門技能を要するもの、大掛かりなものまで多様な取り組みがあります。手始めに、実行しやすく、変化が目に見えてわかりやすい環境づくりの実施に取り組むとよいでしょう。小さな取り組みでも大きな効果を生みますので、無理せず身近なところから取り組んでみましょう。

（沼田恭子・児玉桂子・古賀誉章）

Step 5 新しい環境を暮らしとケアに活かす

1 新しい環境を暮らしとケアに活かすには

　ステップ3で描いた暮らし方シミュレーションとステップ4で実施した環境づくりを結びつける大切な段階が、ステップ5「新しい環境を暮らしとケアに活かす」です。認知症高齢者に対する「環境の力」は大きなものですが、彼らが自分で環境を活かすことは難しいので、職員のかかわりが重要になります。

　環境の活かし方には、「暮らしの中に活かす」レベルと、個々のニーズに対応して「ケアプランに取り入れる」レベルが考えられ、いずれの場合にも施設の事業計画に位置づけて、継続的に取り組むことが大切です。

　ここでは、特別養護老人ホームマザアス東久留米(以下、マザアス東久留米)における環境づくりでの取り組みを材料にして、新たな環境を暮らしとケアに活かす方法の説明を行います。なお、マザアス東久留米では数年にわたり環境づくりに取り組んだ結果、2007(平成19)年に従来型施設を6ユニットに改修を行いました[1]。その詳細は、実践編に詳しく取り上げています。

■99頁参照

2 新しい環境を暮らしに活かす

(1)環境づくりの目的や活用状況を共有する

　ステップ3における暮らし方シミュレーションを踏まえて環境づくりの実践が行われたところで、改めて環境づくりの目的や暮らしの目標を職員全員や可能であれば入居者や家族と共有することが、新たな環境を活かすうえで大切です。

① PEAPの次元から環境づくりの目的を確認する

　改めて環境づくりの目的を、PEAPの次元から整理して確認しましょう。表1～3に示すように、PEAPの次元を意識しながら、これまで環境づくりにかかわってきたコアメンバー以外の誰にでもわかる言葉で表現することが大切です。

② 新たな環境での暮らしやケアの目標を立てる

　ステップ3では、新たな環境を活かした理想的な暮らし方やケアのシ

Step 5

ミュレーションを試みました。ステップ5では、現実の環境のもとで、再度暮らし方やケアの目標を確認して、みんなで共有することが、新しい環境を暮らしとケアに活かすうえで大切です。

③ 新たな環境の活用状況の情報を共有

新しい環境を使いこなすためには、その場所を使用する職員が中心となり、アイディアを出し合うことが必要です。なぜ、そのような環境づくりを行ったか目標を振り返り、意識的に暮らしに環境を活かす取り組みをしましょう。

（2）環境を暮らしに活かした事例

マザアス東久留米のユニット化改修2年後に環境の活用状況について、ユニットリーダー等へのヒアリングを行い、それをもとに表1～3にまとめました。ユニットごとに入居者の状態がさまざまなので、多様な環境活用が試みられています。このような環境活用の情報を共有することは、環境を暮らしやケアに活かす職員のスキルの向上に役立ちます。それでは、環境づくりを暮らしに活かしている事例をみてみましょう。

●事例：ユニットのリビングを暮らしに活かす

マザアス東久留米ではユニット化への改修により、90名の入居者は2フロアでの集団的な生活から、6ユニットでの生活へと変わりました。表1に示すように、環境づくりの目的は、「全体が見渡せるこぢんまりとした広さ」（見当識の支援の次元）や「家庭的な暮らしと設え」（生活の継続性の次元）など、PEAPの多くの次元にわたりました。

新たな環境での暮らしやケアの目標として、①集団的な暮らしから、ユニットを中心とした食事や行事に変える、②個々の入居者に寄り添い、個別のニーズに応える、③少人数のユニットで、落ち着いた家庭的な暮らしを実現する、が目標にあげられました。

その結果、各ユニットでは、表1に示すように入居者の状態に合わせて個々のニーズへの対応や家庭的な暮らしの実現に、環境を活かした多様な取り組みが行われました。特に、職員と入居者、入居

ユニットごとに開かれる家族との懇親会

■表1　環境づくりの活用状況把握シート（ユニットのリビング）

1．PEAPの次元から環境づくりの目的を確認する

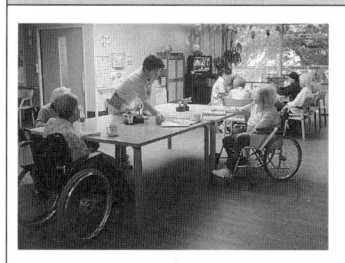

全体が見渡せるこぢんまりとした広さ（見当識への支援）
車いすで動きやすい動線（機能的な能力への支援）
外部に開かれた快適な空間（環境における刺激）
見守りのしやすさと入居者の安心（安全と安心の確保）
家庭的な暮らしと設え（生活の継続性）
なじみの関係がつくりやすい人数（ふれあいの促進）

2．新たな環境での暮らしやケアの目標を立てる

1）集団的な暮らしから、ユニットを中心とした食事や行事に変える。
2）個々の入居者に寄り添い、個別のニーズに応える。
3）少人数のユニットで、落ち着いた家庭的な暮らしを実現する。

3．リビングの活用や暮らしの変化について、情報を各ユニットで共有する(注)

（個々の入居者のニーズに応える）
○集団のときには目にとまらなかった入居者の特徴が見えてきた。（1階1ユニット）
○入居者の様子をよく把握できるようになった。（2階2ユニット）
○入居者と職員のなじみの関係から思い入れが強まった。（介護責任者）
○リビングから居室が近くなり、見守りがしやすくなった。（2階3ユニット）
○大食堂に誘導するなどの慌ただしさが減った。（1階3ユニット）
○利用者の訴えに対して、待ってもらうことが減った。（2階1ユニット）

（家庭的で落ち着いた暮らし）
○広すぎない空間で、家庭的な雰囲気で食事ができる。（1階2ユニット）
○居室からリビングに出て過ごす時間が長くなった。（全ユニット）
○居室とリビングが近いので、入居者が気軽に過ごす場所を選べるようになった。（1階全体）
○入居者に仲間としての意識が出て、互いに気遣いするようになった。（1階3ユニット）
○入居者の挨拶が、「おはよう」「こんにちは」だけではなく、「いらっしゃい」「お帰りなさい」「いってらっしゃい」という表現が聞かれるようになった。（全ユニット）
○ユニットごとに誕生会や家族会をするようになった。（全ユニット）

（残された課題）
○まだ空間を活かしていない部分もある。

注：6ユニットのユニットリーダーと介護責任者へのヒアリングによる

Step 5

者同士、そして家族にとって、互いの距離が近づき、ユニットへの愛着が強くなりました（写真）。平均要介護度4.5という重度化がすすむ中で、リビングの環境を活かすことにより、予想を超える入居者の変化が表れています。

●事例：ミニキッチンを暮らしに活かす

　重度化がすすみ、はたしてキッチンは活用されるだろうかという懸念もある中で、「慣れ親しんだ行動の維持」（機能的な能力・日常生活の継続の次元）や「クッキングを通じた会話や交流」（ふれあいの促進の次元）などを目的に、ミニキッチンが各ユニットに設置されました（表2）。

　ミニキッチンを活用した暮らしやケアの目標として、①個々のニーズに対応して、飲み物などを提供する、②クッキングへの参加を通じて、機能の維持や役割づくりをする、③入居者や家族との交流の機会を提供する、があげられました。

　その結果、各ユニットでご飯を定期的に炊いたり、お鍋をしたりすることにより、食欲の増進や生活のリズムがつくられ、家庭的な雰囲気が生まれました（写真）。機能の高い入居者だけではなく、片麻痺のある入居者もクッキングをするなど、多様な参加が創意工夫されました。ミニキッチンを活かした家族との交流も、ユニットごとに行われるようになりました。

　こうした取り組みに際して、①目的、②参加する入居者と担当する職員、③プログラムの内容、④準備、⑤食品の購入（金額）を記入した「個別事業計画」をユニットで作成して、時には栄養課と連携を図ることもありました。終了後には、「個別事業報告書」を作成して、参加者の様子や反省点を記録しました。重度化するユニットでいかに入居者の参加や楽しみを図っていくか、この記録は大きな財産になっていくと思います。このように、入居者の重度化がすすんでも、多様な工夫を行うことにより、ミニキッチンが入居者や家族の生活の質の向上に寄与できることがわかりました。

ユニットでお鍋を囲むことができるようになった

■表2　環境づくりの活用状況把握シート（ミニキッチン）

1．PEAPの次元から環境づくりの目的を確認する

日常の動作の維持（機能的な能力への支援）
慣れ親しんだ行動の維持、家庭的な雰囲気（生活の継続性への支援）
個人の嗜好に対応（自己選択への支援）
クッキングを通じた会話や交流（ふれあいの促進）

2．新たな環境での暮らしやケアの目標を立てる

　1）個々のニーズに対応して、飲み物などを提供する。
　2）クッキングへの参加を通じて、機能の維持や役割づくりをする。
　3）入居者や家族との交流の機会を提供する。

3．ミニキッチンの活用について、情報を各ユニットで共有する(注)

（機能の維持や家庭的な暮らし）
○ユニットでご飯を定期的に炊いたり、お鍋ができるようになった。（1階1ユニット）
○気軽にお茶を入れられ、入居者に喜ばれている。（1階2ユニット）
○個人の嗜好品を冷蔵庫などに置けるようになり、個人のニーズに対応できるようになった。（1階2ユニット）
○時計ではなくリビングに広がる香りで時間を知るという家庭のような感覚がもてるようになった。（1階）
○ご飯やカレーなど調理のにおいに刺激され、食べる意欲が高まった。（2階2ユニット）

（入居者や家族の参加）
○入居者が米研ぎや洗い物を自らするようになり、役割が生まれた。（1階）
○ポットを用意して、入居者が自由に自分でコーヒーを入れられるようになった。（1階1ユニット）
○クッキング・レクリエーションができるようになり、入居者の楽しみが増えた。（1階1ユニット）
○クッキング・レクリエーションやコーヒーを入れることをケアプランに位置づけることができるようになった。（1階1ユニット）
○ユニットごとにクッキングを楽しみながら、家族との交流の機会を設けた。（全ユニット）
○片麻痺がある入居者がクッキングをする機会が生まれた。（1階1ユニット）

（残された課題）
○現状のキッチンでは、車いすでは近づくことができない。（1階3ユニット）
○キッチンに向かうと、見守りができない。（1階3ユニット）
○比較的軽度の入居者が多いショートステイのユニットにキッチンが設けられず、残念である。（2階3ユニット）

注：6ユニットのユニットリーダーと介護責任者へのヒアリングによる

Step 5

●事例：メニューや時計など掲示物を暮らしに活かす

　施設には、お知らせ、メニュー、利用者の作品など多様な掲示物が数多くあり、時にそれが施設っぽい雰囲気を醸し出す原因にもなります。マザアス東久留米の環境づくりでは、「わかりやすい情報の提供」（見当識や自己選択の支援の次元）や掲示物を通じて「会話や交流の機会」（ふれあいの促進の次元）を図ることを目的に掲示物の見直しが行われました（表3）。

　メニューや時計などの掲示物を活用した暮らしやケアの目標として、①入居者の立場に立った情報の提供を行い、入居者の自己選択を支援する、②時計や掲示物を活用して、時間や空間をわかりやすく支援する、③入居者が参加や交流の機会をもてるように支援する、があげられました。

　これまで職員の立場で作成していたメニューを入居者にもわかりやすく掲示したことにより、メニューを選んだり、行事食を楽しみにしたりするなどの反応が見られるようになりました。行事の掲示板を見て、入居者や家族が自らスケジュールを立てる様子も見られます。職員の中には、入居者の生活歴を引き出して、会話が生まれるような掲示物づくりを目指す動きも見られます（写真）。

家族の協力で写真展示「あの頃の私」

　ここでは、マザアス東久留米における環境づくりの中から一部を取り出して、新たな環境をどのように暮らしやケアに活かしているかを見ていきました。新たな環境を職員の創意工夫によって活かすことにより、重度化がすすんでいるにもかかわらず、入居者自身とその生活を大きく変えることがおわかりいただけたことでしょう。

■表3　環境づくりの活用状況把握シート（メニューや時計など掲示物の活用）

1．PEAPの次元から環境づくりの目的を確認する
わかりやすい情報の提供（見当識への支援） 献立や日課を選ぶ機会（自己選択への支援） 会話や交流の機会（ふれあいの促進）
2．メニューや時計など掲示物を活用する目標を立てる
1）入居者の立場に立った情報の提供を行い、入居者の自己選択を支援する。 　2）時計や掲示物を活用して、時間や空間をわかりやすく支援する。 　3）入居者が参加や交流の機会をもてるように支援する。
3．掲示物等の活用に関する情報を、各ユニットで共有する(注)
（入居者の立場に立った情報の提供と選択の機会の提供） ○掲示物を入居者の目線にして、暮らしに必要な情報を提供している。（1階） ○メニューを見て、食べられないので変えてほしいといった入居者のニーズに応えている。（1階3ユニット） ○メニューを見て、行事食など楽しみにしている入居者がいる。（1階3ユニット） ○入居者が日にちや季節を感じるように、掲示物を工夫している。（全ユニット） ○時間や曜日を聞かれたときには、言葉だけでなく時計などを指しながら答えている。（2階1ユニット） （参加や交流の機会の確保） ○行事の掲示を入居者や家族が見て、参加を自ら決める人もいる。（1階、2階） ○メニューや掲示物を入居者と職員のコミュニケーションに役立てている。（2階2ユニット） ○日めくりカレンダーをめくり、入居者に知らせることをケアプランに位置づけている。（1階1ユニット） ○絵などを掛けることにより、来訪者にも環境に配慮していることが伝わる。（1階2ユニット） ○ユニットの入居者の生活歴を引き出して、話題になるような掲示に取り組んでいる。（1階2ユニット） （今後の課題） ○文字が小さいなどの課題がまだある。

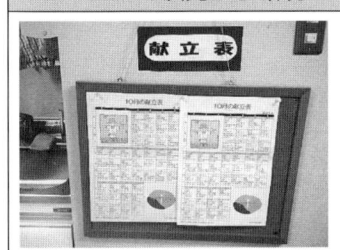

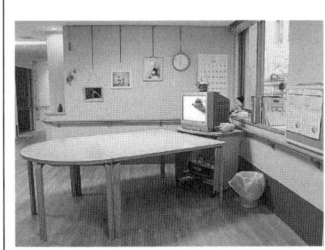

注：6ユニットのユニットリーダーと介護責任者へのヒアリングによる

3 環境を活かしたケアプラン

（1）ケアプランに環境の要素を取り入れるには

　介護保険サービスでは施設においてもケアマネジメントが求められ、個々の入居者のアセスメントに基づき、援助目標や援助内容が作成されます。一般的には、入居者の日常生活上の困難や行動障害に着目して、それを補うための問題解決型のサービス計画になりがちです[2]。

　しかし、その人らしさやなじみの生活の継続を大切にしたケアマネジメントの提案も見られるようになり、生活史や長年なじんできた暮らし方を把握して、ケアプランに反映させる「認知症の人のためのケアマネジメントセンター方式」などの提案も行われています[3]。

　マザアス東久留米では食事や起居動作など暮らしの各場面について、「本人や家族の願い」を最初に位置づけて、それが「自分でできるか／工夫すればできるか」といった入居者のプラス面に着目する「暮らし方シート」をケアプランに反映しています。環境を活かしたケアプランの作成には、入居者がどのような暮らしを願っているかという個人への深い理解が基本になります。

（2）環境を活かしたAさんのケアプラン

　ここで取り上げるAさんは、91歳の男性で要介護4、片麻痺で言語障害があり、車いすを使用しています。ユニット化改修が行われる以前は、大食堂での食事が終わるとすぐに居室に戻って、他の入居者との交流があまりみられませんでした。しかし、ユニット化改修後には表4に示すような環境を活かしたケアプランが作成され、自分でできることが増え、自分のペースで好きな暮らし方ができるようになりました。

① コーヒーを入れる

　Aさんは好きなコーヒーを自分で入れたいという希望をもち、職員もポットを用意すればできると気づいていました。そこで、「安全に電気ポットが使用できる」（短期目標）と「好きな

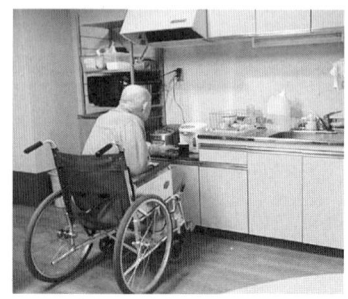

コーヒーを入れることをケアプランに取り入れた

■表4　環境を活かしたAさんのケアプラン

	コーヒーを入れる	日めくりカレンダー	クッキング・レクリエーションへ参加
暮らし方シート ●本人の願い △家族の願い ○職員の気づき	●好きなコーヒーを自分で入れたい ○居室にコーヒーセットが用意されており、ポットを用意すれば自分でできる	●皆さんのために役立つことがしたい	○好き嫌いが多く、おやつを提供しても食べないが、クッキング・レクリエーションでつくったものは食べる
生活上の課題	コーヒーが好きなので、いつでも飲んでもらえるように、環境を整えたい	皆さんのために役立つことがしたいと希望されているので、役割をもって過ごしてほしい	クッキング・レクリエーションに積極的に参加してもらえるので、今後もおやつづくりを楽しめる機会をもちたい（栄養ケア計画）
援助目標	（長期目標） 好きなときに自分でコーヒーが飲める （短期目標） 安全に電気ポットが使用できる	（長期目標） 自尊心や自己有用感をもって過ごせる （短期目標） 自分でできることを発揮する機会を設ける	（長期目標） おやつづくりに参加して、楽しく過ごせる （短期目標） おやつづくりを楽しめる
援助内容	・リビングのポットにお湯を用意しておく ・ポットを使用されるときに、火傷をしないように見守る	ユニットのリビングにある日めくりカレンダーを、毎日めくってもらい、他の皆さんに日にちを知らせてもらう	クッキング・レクリエーションを行うときは、毎回参加を呼びかける。できそうな作業は行ってもらい、自分でできる満足感をもってもらう
評価	火傷なく、安全に使用できるようになり、自分の分だけでなく、囲碁ボランティアにもコーヒーを入れている	自分の行いやすい方法を工夫し、管理し、日めくりを通してリビングの皆さんに日にちを伝えてもらうことができた	クッキング・レクリエーションに積極的に参加され、作業も楽しむことができた様子

ときに自分でコーヒーが飲める」（長期目標）という目標を設定して、安全にコーヒーが入れられるように見守りをしました。

その結果、6か月後には、自分の分だけでなく、囲碁ボランティアさんにも出せるようになりました（写真）。

② 日めくりカレンダー

Aさんは他の入居者の役に立つことをしたいという希望をもっていました。そこで、「自分でできることを発揮できる機会を設ける」（短期目標）と「自尊心や自己有用感をもって過ごせる」（長期目標）という目標を立て、日めくりカレンダーをめくって、ユニットの入居者に知らせるように

支援を行うとともに、Ａさんに職員からも感謝を伝えました。

その結果、自分のやりやすい方法を工夫して、管理を行い、日めくりカレンダーを通してユニットの入居者に日にちを伝えることが、役割として定着しました。

③　クッキング・レクリエーションへの参加

Ａさんは好き嫌いが多く、おやつを出しても食べませんが、クッキング・レクリエーションでつくったものは食べることに職員が気づいていました。そこで、クッキング・レクリエーションを行うときには、Ａさんの希望を聞き、毎回参加を呼びかけて、できる作業は行ってもらい、自分でつくる満足感をもってもらえるようにケアプランを作成しました。

その結果、クッキング・レクリエーションに積極的に参加をして、作業も楽しむことができた様子でした。言語障害のあるＡさんにとり、ユニットの入居者と交流するよい機会となっています。

(3) 環境を活かしたケアプランの意義

施設におけるケアプランについて、在宅に比べて個々の入居者の希望をくみ取ることが難しいこと、もし個々のニーズを把握できたとしても、例えばキッチンがないなど環境条件が整わなければケアプランに取り上げることができないことが課題としてあげられています。このＡさんの例では、新たな環境を積極的に暮らしやケアに取り入れることにより、職員に頼まずに自分自身でできることが増えて、自分のペースで暮らせるようになり、自発性も高まったといえます。

環境の力をフルに活用するためには、その前提として個々の入居者がしたいと希望しているニーズの把握や個人への深い理解が不可欠です。施設環境づくりは、そうした個人のニーズに職員が気づくきっかけにもなるといえます。

（児玉桂子・矢島美由紀・三田千裕・沼田恭子・下垣光・古賀誉章）

文献
1）児玉桂子・古賀誉章・沼田恭子・大久保陽子「従来型特養のユニット化改修支援プログラム―マザアス東久留米での試み―」『地域ケアリング』Vol.11、No.14、2009年、10～19頁
2）白澤政和『生活支援のための施設ケアプラン―いかにケアプランを作成するか―』中央法規出版、2003年
3）認知症介護研究・研修東京、大府、仙台センター編『認知症の人のためのケアマネジメント―センター方式の使い方・活かし方―』認知症介護研究・研修東京センター、2005年

Step 6　環境づくりを振り返る

　ステップ6は、「環境づくりの実践の振り返り」と「環境づくりの効果の検証」の2つから構成されます。「環境づくりの実践の振り返り」は、実施された環境づくりの内容となぜそのような取り組みが必要なのかという理由を職員全体で理解し、共有して、今後継続的に取り組んでいくうえで、重要なステップです。「環境づくりの効果の検証」には、比較的容易なものから専門的なものまでさまざまな方法があります。多くの方法の中から、現場でも取り組みやすいものを選んで、環境づくりの効果を客観的に検証することをお勧めします。

1　環境づくりの実践を振り返る

(1) 環境づくりの実践を振り返るための方法

　時間をかけて取り組んできた環境づくりを振り返るのは、大変だと思うかもしれません。しかし、環境づくりのプロセスで使用してきた各種シートが、まとめのシートとしても活用できます。

　実践の振り返りは、発表会形式でコアメンバーが中心に、できるだけ多くの職員の参加のもとに行います（写真）。資料として、実践の成果物である各種環境づくりシート、環境づくりの内容のコンパクトなまとめ、環境づくりを行った場所の前後を示す写真（パワーポイント）、参加者へのアンケート、これらが必須アイテムです。アンケートでは、「環境づくりの取り組みへの参加や認知の状況」「環境づくりの取り組みへの理解」「環境づくりの課題として感じたこと」などの項目を取り上げ、その回答結果は、次年度以降の環境づくりの大変よい材料になります。環境づくりの中心として活躍したコアメンバー以外の職員にとって、この発表会が環境づくり参加への重要なきっかけとなります。

　私たちが環境づくりを支援する場合には、近隣の複数の施設が同時に取り組むようにしています。施設内発表会に加え

環境づくりの報告会（富士見台特養）

て、合同発表会を行うと、大変よい情報交換の機会となります。発表会は、発表するコアメンバーにとっても、自分の言葉で環境を語る大変よい学習の機会となります。

(2)環境づくりの振り返りに活用できる各種シート

ここでは、これまで使用してきた環境づくりシートが、環境づくりの振り返りにどのような役割を果たすのか整理してみましょう（表1）。

■表1　環境づくりの振り返りに活用できる各種シートとその特徴

環境づくりの実践に使用するシート名	シートの内容	使用するステップ
①PEAPに基づくキャプションカードの分類シート	キャプションカードでとらえられた環境の課題が、PEAPの8次元に沿って整理されている。	ステップ2
②目標設定シート	環境づくりをする場所、環境づくりの目標、大切にしたい視点が示されている。	ステップ2
③暮らし方シミュレーション・シート	環境づくりを行う場所で、実現したい暮らしやケアが、1日の流れに沿って具体的に示されている。	ステップ3
④環境づくりアイディアシート	環境づくりの目標や実現したい暮らし・ケアに向けて出された解決のアイディアが、環境の3要素（物理的・ケア的・運営的）とPEAPの次元、実行しやすさから整理されている。	ステップ3
⑤環境づくりの活用状況把握シート	環境づくりの実施後に、新たな環境が暮らしやケアにどのように活かされているか、残された課題は何か、が示されている。	ステップ5
⑥環境づくり振り返りシート	環境づくりを振り返り、環境づくりの目標や取り組みを職員はじめ多くの施設利用者と共有するために、①～⑤のポイントが1枚の表にわかりやすくまとめられている。	ステップ6

① PEAPにもとづくキャプションカードの分類シート（ステップ2）　　　　　　　　■37頁参照

環境の課題をとらえるために集めたキャプションカードを、PEAPの次元に沿って整理をするのがこのシートの目的です。このシートにより、環境づくりが必要な場所と課題を整理して示すことができます。

② 目標設定シート（ステップ2）　　　　　　　　■41頁参照

上記のシートを踏まえて、環境づくりの目標と大切にしたい生活の質を、わかりやすく示しています。

③ 暮らし方シミュレーション・シート（ステップ3）　　　　　　　　■43頁、47頁参照

環境づくりを実施する場所で、理想とする暮らし方やケアの姿を、朝・昼・夕方・晩について、具体的に示しています。

Step 6

④　環境づくりアイディアシート（ステップ3）

　環境づくりの目標の実現に必要な物理的・ケア的・運営的環境に関するアイディアが、実行しやすさとPEAPの次元に沿って整理されたシートです。

⑤　環境づくりの活用状況把握シート（ステップ5）

　実施した新たな環境について、改めて環境づくりの目的や暮らし・ケアの目標の確認を行い、新たな環境が暮らしやケアにどのように活用されているかを示したシートです。

⑥　環境づくり振り返りシート（ステップ6）

　①～④のシートは、大きなサイズで掲示するのに適しています。取り組みの内容を職員全員が共有できるように、環境づくりのプロセスをコンパクトにまとめたものが環境づくり振り返りシートです（表2）。この表は、ステップ4において、環境づくりの実践事例「廊下突き当たりの非常口の鍵の交換」として紹介されたものです。まず、キャプションカードの指摘の内容→目標設定→暮らしのイメージ→環境づくりのアイディア→環境づくりの内容の順にまとめが行われています。評価の項では、環境づくり前後の環境をPEAPの関連する次元について、「〇（よく支援している）」「×（支援が欠けている）」「!?（どちらともいえない）」の3段階で評価をして、さらに利用者の声を記入しています。ステップ3で紹介した富士見台特養では、環境づくりのアイディアすべてについて、表2のようなシートを作成して、まとめの発表会に使用しました。

■44頁、48～49頁参照

■61頁、63頁、65頁参照

■表2　環境づくり振り返りシート

環境づくり振り返りシート

年　月　日

1．課題の整理（キャプション評価）	カードNO	場所	評価	ということについて	と思った
	4	廊下の奥	!?	タンスが廊下の突き当たりに置かれている	違和感がある
	（話し合いで明らかになった課題） 利用者が非常口の鍵を開けて出てしまうことのないように工夫した結果、廊下の突き当たりにタンスが置かれた。タンスを置かないと非常口の安全が確保できない					

2．目標設定	利用者にとって「お気に入りの過ごし方」ができるような環境にする
3．暮らしのイメージ	朝：①朝食前にゆとりスペース（新聞、コーヒー、談笑）、②テレビが観られる、③日光を浴びたい 日中：気の合う人と話す 夜：夜更かしができる（くつろぎスペース）
4．環境づくりのアイディア	廊下奥の非常口の鍵を交換する　→タンスの移動
5．環境づくりの内容	・鍵を交換し、タンスを撤去し、使える場所を広くして、少人数で過ごせる場所をつくる ・この場所に設置されている木製ベンチも活用する ・家族などに、利用者と過ごせるコーナーがあるという案内をする ・自分から過ごす場所を選べるように快適に整える。外からの光が差し込む場所を活かす

6．評価 環境づくりの事前・事後の環境をPEAPの次元により評価する ○：よく支援 ×：支援が不足 !?：どちらともいえない	PEAP		事前	事後	環境づくり後にどのように変わったかを記す
		1．見当識			
		2．機能的能力			
		3．刺激の質と調整	!?	○	違和感がなくなった
		4．安全と安心	!?	○	鍵を気にせず安全に過ごせる
		5．生活の継続性			
		6．自己選択	!?	○	居場所を選べる
		7．プライバシー			少人数で過ごせる居場所ができた
		8．ふれあいの促進	!?	○	少人数で過ごせる居場所ができた
	利用者の声	・以前は非常口の鍵を目隠しするため、タンスが置かれていたが、鍵を変更しタンスを移動したおかげで、車いすでも奥に入り込みテレビを観賞できるようになった			

7．今後の課題	このコーナーの活用のために、職員の意図的な声かけは定着せず（まだ継続の段階） コーナーの物理的環境を快適にする整備は課題。木製ベンチは以前のまま

Step6　環境づくりを振り返る

Step 6

2 環境づくりの効果を検証する

(1) これまでの環境づくり実践研究で用いた各種手法

　環境づくりの目標は、職員のスキルと意識の向上を図り、それを通じて物理的・ケア的・運営的な施設環境の改善がもたらされ、それにより入居者をはじめとする施設利用者の満足度など生活の質の向上にあります（「施設環境づくりの目的とすすめ方」の図３参照）。

■7頁参照

　環境づくりの効果を正確に評価するには、環境づくり前後に評価を実施すること、言語表現の困難な認知症高齢者の反応をとらえることが難しいことなど、高度な研究力が求められます。また、自分の意思を十分表明できない認知症高齢者に対して、プライバシーの保持など研究倫理も厳しく求められます。

　介護職員は入居者の様子を常に把握できる強みを活かして、環境づくりの効果の検証を行うことができます。これまでの環境づくり実践研究の中から、現場でも使える手法を表３に取り上げます。環境づくりの効果は、これらの手法を組み合わせて、多面的に評価することにより明らかにできます。

(2) 環境の変化をとらえる

　環境づくりのゴールは、利用者の変化ですが、その前提にある環境の変化を押さえることが大切です。

① PEAPによる環境づくりの把握

　環境づくりはPEAPの視点に沿ってすすめられてきたので、実施された環境づくりがPEAPのどの次元に効果を及ぼしたかを整理することは、基本といえます。実践編ケース１清雅苑の取り組みの表２がこれに当たります。

■94頁参照

② PEAPにもとづくキャプションカードの分類シート

　ステップ２で行ったPEAPにもとづくキャプションカードの分類シートは、職員が環境をどう感じたかをとらえており、環境心理学的評価手法と位置づけられます。ステップ２の図３のようなまとめを用いて環境づくり前後の比較ができれば、貴重な環境心理学的な検証になります。

■37頁参照

③ 認知症高齢者環境配慮尺度

　認知症高齢者への環境配慮に関する60項目から構成され、各項目は安全

■表3　これまでの環境づくり実践研究で用いた各種評価手法

	評価手法	特徴や参考資料等
環境の変化をとらえる	①PEAPによる環境づくりの把握	環境づくりの取り組みにより環境がどう変わったかを、PEAPにより把握して、整理する（実践編ケース1の表2参照）
	②PEAPにもとづくキャプションカードの分類シート	キャプション評価を環境づくりの前後に実施して、PEAPの次元に沿って整理を行い、変化をとらえる。施設利用者が環境をどう感じているかといった環境心理学的な評価と位置づけられる（ステップ2参照）
	③認知症高齢者環境配慮尺度	認知症高齢者への環境配慮に関する60項目から構成され、各項目は安全と安心などPEAPと類似した8次元に集約して、平均値で示される。尺度としての内部一環性等が検討されている（注1の文献参照）
ケアの変化をとらえる	①介護サービス内容や介護記録の分析	入居者の排泄・食事等の日常生活動作や過ごし方の変化を介護記録をもとに分析を行うことにより、環境づくりの効果を明らかにする
	②ケアプランの分析	ケアプランの分析から、環境づくりによるケアや暮らしの変化をとらえる（ステップ5の表4参照）
利用者の変化をとらえる	①行動観察	人との交流や各種活動の発生状況を観察することにより、環境づくりの効果を明らかにする。言語表現に制約がある認知症高齢者の変化をとらえるには重要な方法である（注2の文献参照）
	②空間の使われ方調査	食堂やリビングの使用状況、居室への物品の持ち込みなどの空間の使用状況を把握することにより、環境づくりの影響を明らかにする。建築分野ではよく用いられる方法である（注2の文献参照）
	③インタビュー調査	環境を利用する入居者・家族・職員の環境づくりへの意見を聞き取る方法である。聞きたい項目をあらかじめ設定して、それと合わせて自由な意見をとらえることにより、回答のばらつきを防ぐことができる
	④環境づくりの効果に関する調査表	環境づくりが入居者等に及ぼした影響を職員が、入居者一人ひとりについて、属性とともに環境づくり後に記入する形式である。（ステップ6の表4参照）
	⑤多面的施設環境評価尺度	施設の物理的・ケア的・運営的環境への満足度をとらえる76項目から構成され、生活の継続性等の12次元に集約される。環境づくりの前後に、職員が回答をする形式である（ステップ6参照）
	⑥RHRFストレスチェックリスト短縮版	24項目からなるストレス反応をとらえることにより、施設環境が介護者のストレスに及ぼす影響を把握する（注3の文献参照）
環境づくりへの参加をとらえる	①環境づくりへの参加状況調査表	一般の職員が、環境づくりの準備期・実施期・実施後に、十分に意見を出して参加できたかを把握する。次年度の環境づくりに役立つ資料となる（ステップ6の図1参照）

注1：潮谷有二・児玉桂子「認知症高齢者環境配慮尺度の開発と活用方法」児玉桂子・足立啓・下垣光ほか編『認知症高齢者が安心できるケア環境づくり―実践に役立つ環境評価と整備手法―』彰国社、2009年、104～118頁

注2：松原茂樹・足立啓「ユニットケア施設が認知症高齢者・職員に及ぼす影響」児玉桂子・足立啓・下垣光ほか編『認知症高齢者が安心できるケア環境づくり―実践に役立つ環境評価と整備手法―』彰国社、2009年、133～143頁

注3：児玉桂子「認知症高齢者への環境配慮と職員のストレス」児玉桂子・足立啓・下垣光ほか編『認知症高齢者が安心できるケア環境づくり―実践に役立つ環境評価と整備手法―』彰国社、2009年、119～127頁

と安心などPEAPに類似した8次元に集約されます。環境づくり前後の環境の変化を平均値として数量的に把握できます[1]。

(3)ケアの変化をとらえる

環境づくりにより、症状が安定したり、自立度が向上したりすることが実証できれば、高齢者自身の生活の質の向上とともに介護負担や介護費用の軽減につながり、大変意義の高いものになります。

① 介護サービス内容や介護記録の分析

実践編ケース2で紹介するマザアス東久留米では、本書では割愛していますが、おむつからトイレへと排泄が改善したり、リビングでの滞在時間や交流が増加したことをユニット化改修前後の介護記録の詳細な分析から実証しました。

② ケアプランの分析

ステップ5「新しい環境を暮らしとケアに活かす」や実践編ケース5「認知症対応型デイサービスにおける環境づくり」では、環境づくりをケアプランに取り入れることにより、認知症高齢者が落ち着いたり、暮らしに彩りが生まれたりしたことを示しています。ケアプランの分析も、環境づくりの効果を実証する有効な手法になるでしょう。

■59頁参照
■132〜133頁参照

(4)利用者の変化をとらえる

環境が人に及ぼす影響は複雑であり、いくつかの手法を組み合わせて多面的にとらえる必要があります。また、言語表現が困難な認知症高齢者の反応は、行動観察や介護者を通じて、間接的にとらえることになります。

① 行動観察

人との交流や各種活動の様子を観察して環境の影響をとらえる手法は、認知症高齢者には重要であり、多くの研究がなされています[2]。研究として行動観察を行う場合には、5〜15分間隔でチェックが行われることが多いようですが、現場では無理のない範囲でよいと思います。実践編ケース8では、ビデオカメラを使用して重度認知症高齢者の行動観察を行い、環境づくりの効果を検証しています。

■154〜156頁参照

② 空間の使われ方調査

食堂、リビング、居室などで行われた環境づくりを、家具や小物の配置や種類などを通じて暮らし方の評価をする手法は、建築分野では一般的に

よく行われています[2]。

③　インタビュー調査

　高齢者、家族、職員など新たな環境を使う人に対して、環境づくりへの感想を直接聞くインタビュー調査から、環境づくりへの生の声を実感することができます。あらかじめ用意した聞きたい項目と自由な意見を組み合わせて聞き取るほうが、回答結果がバラバラにならずまとめやすいでしょう。

④　環境づくりの効果に関する調査表

　環境づくりの影響をできるだけ簡易にとらえるために、これまでの実践研究を踏まえて、環境づくりの効果に関する調査表を作成しました（表4）。環境づくりの影響を受ける高齢者全員について、介護者が基本属性と合わせて、環境づくり後に記入する現場でも使いやすい形式になっています。

⑤　多面的施設環境評価尺度

　施設の物理的・ケア的・運営的環境への満足度を、環境づくり前後で把握する目的で開発されました。この尺度の詳細は、後述します。

⑥　パブリックヘルスリサーチセンター（RHRF）ストレスチェックリスト短縮版

　RHRFストレスチェックリスト短縮版は24のストレス反応項目を、身体的ストレス、心理的ストレス、状況認知ストレスに集約して得点を集計する形式となっています[3]。環境づくりが職員のストレスに及ぼす影響は、環境改善が定着するまで、継続的に把握する必要があります。

■表4　施設環境づくりの効果に関する調査表

●施設環境づくりを行ったフロア（ユニット）で生活される高齢者の方の属性と環境づくりにより見られた効果について、おひとりずつ、このシートにご記入下さい。

1．基本的属性を記入して下さい。

1）性別	1．男性　　　　　　2．女性
2）年齢	M・T・S（　）年（　）月生まれ　　または（　）歳
3）要介護度	1．要支援1　2．要支援2　3．要介護1　4．要介護2 5．要介護3　6．要介護4　7．要介護5
4）原因となった疾患	1．アルツハイマー　　2．脳血管性　　3．その他　　4．不明

2．認知症高齢者の日常生活自立度判定基準にそって、Ⅰ～Ｍのどこに該当するか、一番近いものに○をおつけ下さい。

Ⅰ	認知症を有するが、ほぼ自立
Ⅱa	誰かが注意していれば、家庭外でもほぼ自立
Ⅱb	誰かが注意していれば、家庭内でもほぼ自立
Ⅲa	日中を中心として、日常生活に支障があり要介護
Ⅲb	夜間を中心として、日常生活に支障があり要介護
Ⅳ	日常生活に常に支障をきたす症状や行動があり、常時介護
M	専門医療を必要とする著しい精神症状等がある

3．環境づくり後に、利用者に下記のような変化が見られましたか？　5～1の当てはまるものに○をおつけ下さい。

		大変そう思う	まあそう思う	どちらともいえない	あまりそう思わない	全くそう思わない
1	落ちついて過ごすようになった	5	4	3	2	1
2	居場所を選択して過ごせるようになった	5	4	3	2	1
3	身の回りの動作で、できることが増えた	5	4	3	2	1
4	アクティビティへの参加が増えた	5	4	3	2	1
5	役割が増えた	5	4	3	2	1
6	なじみの関係が増えた	5	4	3	2	1
7	明るく、元気になった	5	4	3	2	1
8	トイレや居室などの位置が分かるようになった	5	4	3	2	1
9	積極的に声を出すようになった	5	4	3	2	1
10	入居者の居室にその人らしさが感じられるようになった	5	4	3	2	1

4．入居者のご家族に下記のような変化がありましたか？

1	ご家族の訪問が増えた	5	4	3	2	1
2	ご家族が利用者と過ごしやすくなった	5	4	3	2	1
3	ご家族と職員との距離が縮まった	5	4	3	2	1

5．環境づくりによる上記以外の入居者やご家族の変化がありましたら、お書きください。

(5)環境づくりへの参加をとらえる

　環境づくりが入居者の暮らしやケアに有効に活かされるには、職員全員の理解が重要であり、いかに多くの職員を巻き込めるかが課題となります。実践編ケース１の清雅苑の事例では、施設長が職員全員参加を掲げて、コアメンバーがさまざまな工夫をした結果、準備期・実施期・実施後に職員の大変高い参加状況が見られます（図１）。

■89頁参照

■図１　環境づくりへの職員の参加状況

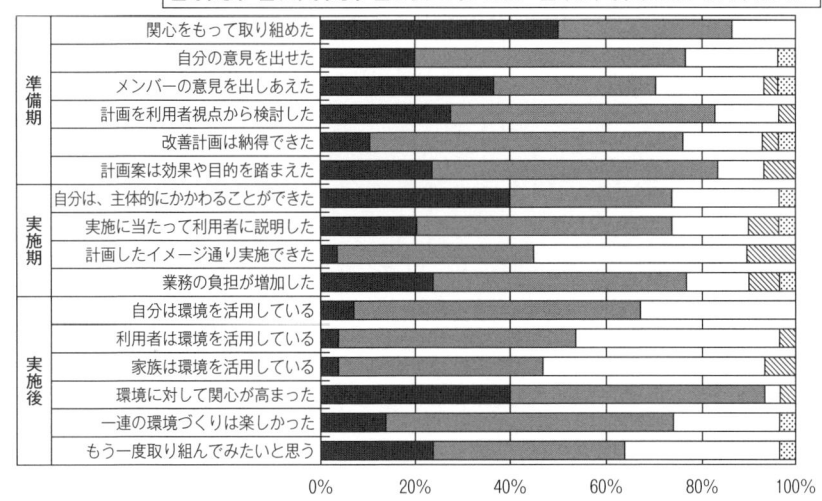

■そう思う　■まあそう思う　□どちらともいえない　▨あまりそう思わない　▩そう思わない

準備期	関心をもって取り組めた
	自分の意見を出せた
	メンバーの意見を出しあえた
	計画を利用者視点から検討した
	改善計画は納得できた
	計画案は効果や目的を踏まえた
実施期	自分は、主体的にかかわることができた
	実施に当たって利用者に説明した
	計画したイメージ通り実施できた
	業務の負担が増加した
実施後	自分は環境を活用している
	利用者は環境を活用している
	家族は環境を活用している
	環境に対して関心が高まった
	一連の環境づくりは楽しかった
	もう一度取り組んでみたいと思う

注：環境づくりの対象フロアの職員30名が回答
出典：青木隆雄・児玉桂子・影山優子ほか「特別養護老人ホームにおける施設環境づくりプログラム（改訂版）の実施とプロセス評価」児玉桂子研究代表『認知症高齢者環境支援指針に基づく既存施設の環境改善手法の開発と効果の多面的評価（平成16―17年度科学研究費補助金報告書）』日本社会事業大学、2006年、115頁

3　多面的施設環境評価尺度で環境づくりを検証する

（１）多面的施設環境評価尺度の特徴

　多面的施設環境尺度は、「そこを使う人が満足をしているか」という視点から、施設環境づくりの効果をとらえる目的で開発されました。施設利用者である職員や入居者・家族に詳細な聞き取りを行い、項目の内容を決めていきましたので、実際に使う人にとって大切なことが網羅されているといえます[4]。

Step 6

　多面的施設環境評価尺度は、建物・設備、生活の継続性、個人の尊重、交流、見守りのしやすさ、プライバシーの確保、情報とのつながり、入居者・職員の安心感、家族の安心、空間や場所の雰囲気、職員のモチベーション、施設への愛着の67項目、プラス総合満足9項目の合計76項目から構成されます（表5）。職員自身・入居者・家族の施設環境への満足を職員の視点から、各項目について「大変満足」～「大変不満」の5段階のいずれかで回答を行います。居室・食事場所などの個々の空間・設備について、不適切な箇所を指摘する質問等も用意されていますので、不満の原因を具体的に把握することもできます[5]。

　「多面的」と称する理由は、質問項目が物理的・ケア的・運営的環境をカバーしていること、また回答者は職員ですが、入居者・家族・職員それぞれの施設環境への満足をとらえていることによります。

（2）多面的施設環境評価尺度の使用方法

① 事前評価

　ステップ1のPEAPの学習会が終了した時点で、職員に対して実施するのが好ましいタイミングです。12の次元から施設環境を評価することにより、自施設の特徴を多面的にとらえることができます。自施設の「課題」だけでなく、ふだん気がつかなかった「よい点」を発見することもできます。評価結果を、環境づくりに反映させることもできます。

② 事後評価

　事後評価は、環境づくりの印象が新鮮なステップ6の時点で、できるだけ事前評価と同じ職員に対して行います。環境を使いこなすには時間がかかりますので、再度評価をすることが望ましいといえます。事前と事後評価の結果を比較することにより、環境づくりの効果を検証することができます。

（3）多面的施設環境評価尺度による効果の把握

　多面的施設環境評価尺度は多様な活用ができますが、ここでは実践編ケース2の従来型特養のユニット化改修の評価に基づき、活用方法の一端を見ていきましょう[6]。マザアス東久留米では、80名が2フロアで暮らしていた環境から、15名のユニットを中心にした暮らしに変化しました。環境づくりは、ステップ5「新たな環境を暮らしとケアに活かす」でも取り上げたよう

■105頁参照

■59頁参照

■表5　多面的施設環境評価尺度の項目一覧

1．建物・設備（24項目）	5．見守りのしやすさ（2項目）
（職員が感じた入居者の満足）	41－1 見通しなどハード面で見守りしやすい
1－1 居室への入居者満足	41－2 職員配置などソフト面で見守りしやすい
2－1 食事場所への入居者満足	6．プライバシーの確保（3項目）
3－1 トイレへの入居者満足	25－1 プライバシー（トイレや居室などハード面）
4－1 洗面所への入居者満足	25－2 プライバシー（個人情報などソフト面）
5－1 浴室への入居者満足	21 入居者が一人になれる場所
9 掲示の見やすさ	7．情報とのつながり（3項目）
10 移動のしやすさ	43 入居者情報の入手しやすさ
17 居室のわかりやすさ	67 ケア等の最新情報が入手しやすい
（職員の満足）	39 入居者が家族などとの連絡のやりとり
1－2 居室がケアしやすい	8．入居者・職員の安心感（3項目）
2－2 食事場所がケアしやすい	44 入居者にとり安心感がある
3－2 トイレがケアしやすい	45 ケアするうえで安心感がある
4－2 洗面所がケアしやすい	42 日常生活での事故の危険性
5－2 浴室がケアしやすい	9．家族の安心（3項目）
6 施設の内装や設えの調和	54 活き活きした雰囲気
7 メンテナンスが行きとどいている	55 入居者が楽しそうな雰囲気
8 植物や緑の手入れ	48 家族の施設や職員への信頼
11－1 気になる騒音	10．空間や場所の雰囲気（5項目）
12－1 不快なにおい	51 家庭的な雰囲気
13 施設の暑さ寒さに満足	50 整然とした雰囲気
14 施設の換気に満足	52 清潔な雰囲気
15 施設内の採光・日当たりに満足	53 開放的な雰囲気
16 施設内の照明に満足	37 季節や天気の移り変わりを感じられる
62－1 職員の休憩場所に満足	11．職員のモチベーション（5項目）
63－1 職員が使用する場所や設備に満足	64 職場の仕事への意識の高さ
2．生活の継続性（6項目）	65 職場のチームワークのよさ
31－1 入居者がこれまでの生活を継続している	66 個人やチームで仕事のやり方を工夫
30 入居者が自分の役割を見出す工夫	56 職員の様子にやる気を感じる
19 居室以外の場所でのくつろぎやすさ	68 管理者が職員の要望に理解がある
20 入居者同士が気軽に集まれる場所	12．施設への愛着（3項目）
28 高齢者の文化や世代に合った装飾	58 この施設はわたしにとり居心地がよい
38 地域や街とのつながりを感じられる	59 この施設に愛着を感じる
3．個人の尊重（5項目）	60 この施設に魅力を感じる
27－1 個人の好みや個性の尊重	総合満足（9項目）
29－1 入居者が自分で選択する機会	18 ADL低下に対する空間や設備の対応
23－1 楽しみを生み出す働きかけ	24 日々の生活に変化やメリハリがある
22－1 心地よく食事する工夫	32 その人らしさが尊重されている
26 入居者が希望を職員に伝えやすい	36 入居者が外との交流をもてる
4．交流（5項目）	40 外とのつながりを感じることができる
33 入居者同士の会話ややりとり	49－1 家族が安心感をもてる
34 職員との会話ややりとり	61 私が年をとったらこの施設に入りたい
35 地域の人との交流の機会	69 今の仕事が楽しい
46 職員や施設に対する家族の気兼ね	57 総合的にみて施設に満足している
47－1 家族が入居者を気軽に訪問できる	

注1：各項目について、満足度を5段階で回答するワーディングは短縮している
注2：上記76項目に加えて、居室・食事場所・トイレ・洗面所・浴室・騒音・におい・職員用設備に関する不満をとらえる設問、および生活を継続しにくい理由・家族が気軽に訪問できない理由を選択する項目がある

Step 6

に、入居者の暮らしやケアに積極的に活かされています。

　なお、尺度は5段階で満足度を聞いていますが、分析では満足側の2段階をまとめて満足率、不満側の2段階をまとめて不満率としています。

① 建物・設備への不満をとらえる

　建物・設備に関する24項目から一部を取り出して、職員の不満を図2、図3に示しています。事前評価では、食事場所・トイレ・浴室等への不満率は50％前後と高い値になっています（図2）。不満の高い食事場所の具体的な指摘内容を図3で見ると、空間の狭さ、テーブル、食事をする人数に指摘が高いことがわかります。このように事前に把握できれば、改修工事に反映することができます。

　ユニット化改修では、ユニットにこぢんまりとしたリビングがつくられた結果、食事場所をはじめ、内装や設え、暑さ・寒さ等の不満率が大きく減少していることが読み取れます。

② 入居者の生活の継続性への満足をとらえる

　入居者の生活の継続性をとらえる6項目に対する、改修前後の満足率を図4に示しています。入居者同士で気軽に集まれる場所やくつろぎやすさ、役割を見出す工夫などへの満足の向上が明らかに示されています。

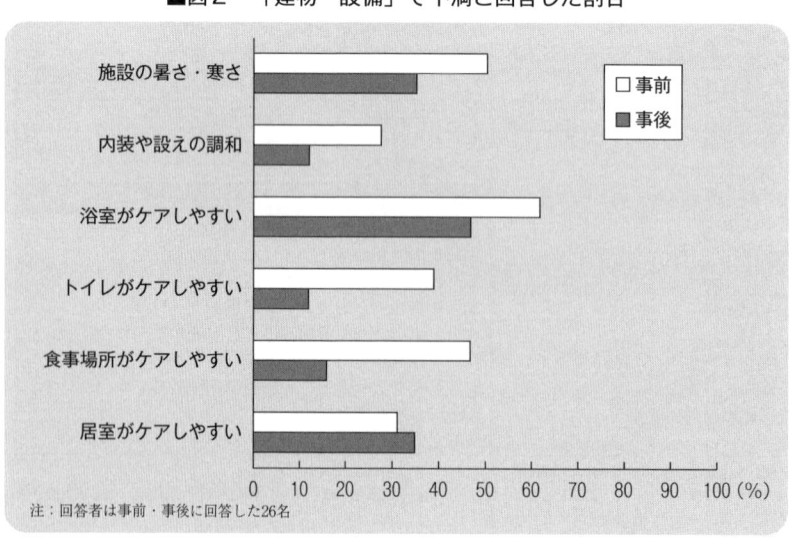

■図2　「建物・設備」で不満と回答した割合

注：回答者は事前・事後に回答した26名

■図3　食事場所の不満の指摘率

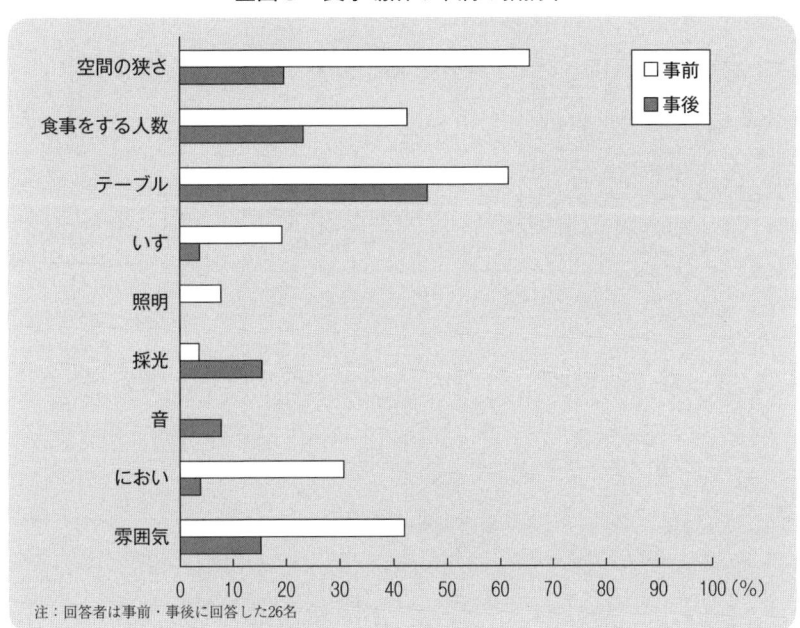

項目	事前	事後
空間の狭さ	65	10
食事をする人数	42	22
テーブル	62	46
いす	18	4
照明	8	0
採光	4	15
音	0	8
におい	30	4
雰囲気	42	15

注：回答者は事前・事後に回答した26名

■図4　「入居者の生活の継続性」で満足と回答した割合

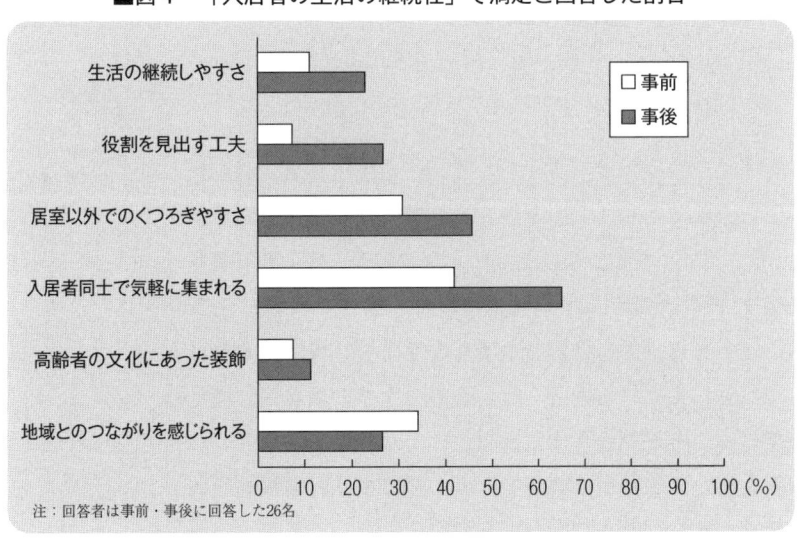

項目	事前	事後
生活の継続しやすさ	11	23
役割を見出す工夫	8	27
居室以外でのくつろぎやすさ	30	46
入居者同士で気軽に集まれる	42	65
高齢者の文化にあった装飾	8	12
地域とのつながりを感じられる	35	27

注：回答者は事前・事後に回答した26名

Step6　環境づくりを振り返る

Step 6

■図5　生活の継続性の評価（満足率・不満率プロット）

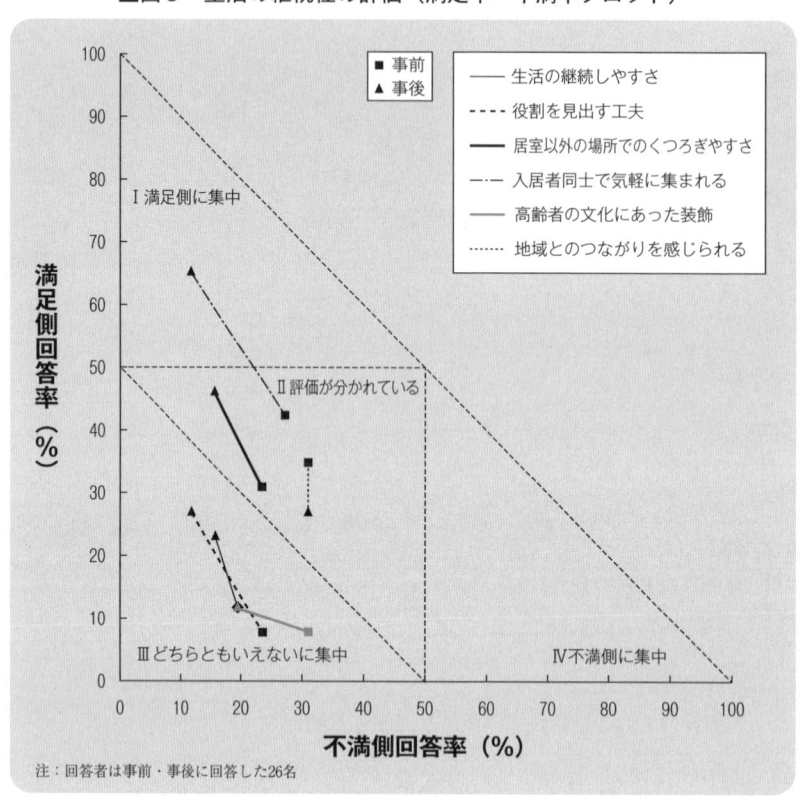

注：回答者は事前・事後に回答した26名

　図5では縦軸を満足率、横軸を不満率として、同じデータを「満足率・不満率プロット」の方法で示し、50％を境界として各領域を「Ⅰ満足側に集中」「Ⅱ評価が分かれる」「Ⅲどちらともいえないに集中」「Ⅳ不満側に集中」と分類しています。このような表示により、図4の表現方法よりも、施設の強みや弱みを視覚的に把握しやすくなります。環境づくりにより、入居者同士で気軽に集まれる場所、くつろぎやすさの項目が、満足側に大きく改善していることがわかります。

　このように尺度を用いて事前事後評価を行うことにより、結果が数値で明確に表され、環境づくりの効果や課題を客観的に実証し、説得力のあるものとなります。

（児玉桂子・古賀誉章）

文献

1）潮谷有二・児玉桂子「認知症高齢者環境配慮尺度の開発と活用方法」児玉桂子・足立啓・下垣光ほか編『認知症高齢者が安心できるケア環境づくり―実践に役立つ環境評価と整備手法―』彰国社、2009年、104～118頁

2）松原茂樹・足立啓「ユニットケア施設が認知症高齢者・職員に及ぼす影響」児玉桂子・足立啓・下垣光ほか編『認知症高齢者が安心できるケア環境づくり―実践に役立つ環境評価と整備手法―』彰国社、2009年、133～143頁

3）児玉桂子「認知症高齢者への環境配慮と職員のストレス」児玉桂子・足立啓・下垣光ほか編『認知症高齢者が安心できるケア環境づくり―実践に役立つ環境評価と整備手法―』彰国社、2009年、119～127頁

4）影山優子・児玉桂子・青木隆雄ほか「ラダーリング法を用いた高齢者施設環境評価構造の抽出」児玉桂子研究代表『認知症高齢者環境支援指針に基づく既存施設の環境改善手法の開発と効果の多面的評価（平成16―17年度科学研究費補助金報告書）』日本社会事業大学、2006年、1～12頁

5）影山優子・児玉桂子・青木隆雄ほか「多面的施設環境評価尺度を用いた環境づくりの検証」児玉桂子研究代表『認知症高齢者環境支援指針に基づく既存施設の環境改善手法の開発と効果の多面的評価（平成16―17年度科学研究費補助金報告書）』日本社会事業大学、2006年、129～146頁

6）児玉桂子・古賀誉章・沼田恭子ほか「多面的施設環境評価尺度によるユニット化改修前後の評価」児玉桂子研究代表『認知症ケア実践のための施設環境づくりテーラードプログラムの開発と有効性の評価（平成18―19年度科学研究費補助金報告書）』日本社会事業大学、2008年、104～119頁

●児玉桂子・古賀誉章・影山優子ほか「認知症高齢者への環境支援指針（PEAP）を用いた施設環境づくり実践ハンドブックPart 4―施設環境づくりプログラムによる実践とその評価―」日本認知症ケア学会特別重点課題研究「認知症ケア実践のための施設環境づくり」プロジェクト・日本建築学会認知症ケア環境小委員会（児玉桂子代表）、2007年、1～24頁

●日本建築学会編『よりよい環境創造のための環境心理調査手法入門』技報堂出版、2000年、1～133頁

実践編

Case 1 特別養護老人ホームにおける施設環境づくり

1 清雅苑における取り組みの経緯と施設の概要

　日本社会事業大学児玉研究室、ケアと環境研究会と近隣6施設による「施設環境づくり共同実践プロジェクト2005」の中から、6ステップの実践プログラムを着実に実行した特別養護老人ホーム清雅苑（以下、清雅苑）の事例を紹介します[1)2)3)]。

　清雅苑は、東京都の郊外に位置する1996（平成8）年開設の施設です。広い直線廊下の両側に4人部屋中心の居室が並ぶ、典型的な従来型の空間構成の3階建ての建物で、1階にデイサービスや事務所があり、2階に軽度の認知症と身体的に重度の入居者が、3階に認知症の比較的重度の入居者が居住していて、特別養護老人ホームの定員は82名（ショート6名、計88床）です。

　この施設で施設環境づくりを始めた頃は、特別養護老人ホームの集団的なケアからユニット的なケアへ移行していく流れの中で、施設内の各フロアの入居者、担当職員や日課を2グループに分けたグループケアに取り組むなどで試行錯誤を繰り返していました。

　そのような中で、環境づくりの対象を、特別養護老人ホームの2階と3階にしました。各フロアから2名ずつの介護職員と相談員1名、一般職ばかり計5名がコアメンバーとなり、施設全体の職員を巻き込む工夫をしながら、多くの成果をあげました。

　共同実践プロジェクトの後に職員の大幅な異動があり、環境づくりを継続したくても条件の整わない時期もありましたが、当初実施した掲示物などの見やすい高さ、談話コーナーなどの物理的環境は良好に保たれ、食事介助や下膳の方法といったケア的環境の取り組みは、暮らしの中に当たり前のように根づいています。今も元のコアメンバーを中心に、制約の多い状況の中でも可能な環境づくりを粘り強く続けています。ここでは、「施設環境づくり共同実践プロジェクト」の取り組みを、プログラムの流れに沿って紹介します。

2 環境づくりのプロセス

(1)ステップ1:ケアと環境への気づきを高める

　環境づくりは、日本社会事業大学で実施された「共同実践プロジェクト」の6施設合同のワークショップに参加して、施設環境づくりの目的とステップ1〜3の手法を学ぶことから始まりました（写真）。

　施設内での取り組みは、ワークショップに参加した職員が中心になり、全員参加の勉強会から始まりました。この勉強会は、施設職員全員がケアと環境への共通の理解を深める目的で、大学から講師を派遣してもらい、「認知症高齢者への環境支援指針」（PEAP日本版3）を用いて行いました。

6施設のコアメンバーを対象にした
合同ワークショップ

　この時点で施設長から全職員が参加して取り組むという方針が提示され、環境づくりに予算（各フロア40万円、計80万円）が付きました。一般職のコアメンバーは、環境づくりを推進するための世話役・調整役という位置づけであり、最初に学んだ「認知症高齢者への環境支援指針」が、「ケアと環境への共通理解」につながり、それが全員参加で取り組む環境づくりの基盤となりました。

　プロジェクトに取り組む間、職員が施設固有の条件に対処するには、研究者グループの施設訪問とメールによる支援を受けました。清雅苑では、勤務時間の異なる職員が相互の情報共有のためにメールを活用できるIT環境が整備されていたこともあり、コアメンバーと支援グループの間でもメールが効果的に使われました。

(2)ステップ2:環境の課題をとらえて、目標を定める

　施設環境の特徴や課題をとらえる目的で、勉強会で学んだPEAPの8次元を念頭において、キャプション評価を実施しました。職員だけでなく家族や入居者の意見も聞きながら290枚ものカードが集まりました。キャプションカードを作成する過程は、普段は何気なく受け止めていた施設内の環境に向き合い、職員が互いの気づきを共有するきっかけになり、環境に対する意識

Case 1

を向上させる効果がありました。

　コアメンバーはたくさん集まったカードを場所や内容により分類し、関心の高さ、環境に対する指摘の多さの順位で取り組みの場所を選び、そこで指摘された課題をまとめました。環境づくりの対象に選ばれた場所は、2階は食堂と廊下、3階は食堂と談話室でした。コアメンバーはキャプション評価の結果を伝える写真入りのポスターを作成して、見やすい場所に掲示し、全職員が情報を共有できるように工夫しました（写真）。

キャプション評価の結果発表

　次に、個別のキャプションカードを見ながら、環境づくりの対象に選んだ場所の課題について話し合いました。キャプション評価で最も多かった意見は「介助席」にかかわるものでした。U字型の介助テーブルは、テーブル周囲に複数の入居者が着席し、その中央に介助者が立って、効率よく食事を介助するためのものです。これは、介助を受ける人に威圧感を与えるだけでなく、上を向いて食べるために食べ物を喉に詰まらせるおそれがありました。キャプション評価をしてみて、多くの職員がこの食事介助の方法に疑問に感じていたことに気づきました。U字型テーブルの「介助席」をはじめ、キャプション評価を通して共有できた気づきをもとに、次のステップを待たずに多くの環境課題が改善されました（写真）。

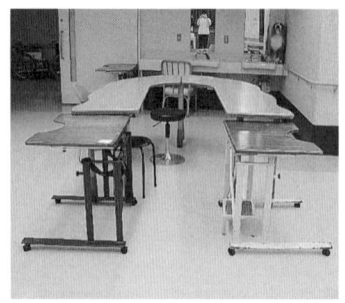

食事介助U字型テーブルを改造してカウンターに再利用

（3）ステップ３：環境づくりの計画を立てる

　ところが、環境づくりの場所を決めた後、目標を立て計画する段階になると、コアメンバーが頑張っても方針がまとまらず苦戦しました。キャプション評価により対象とする場所を選び、そこの課題を抽出し、それを改善するための環境づくりの目標を立て、そこで入居者がどのような暮らし方を望んでいるかをイメージするという流れに沿って、このステップで考えたことを表１にまとめました。

　３階の環境づくりの目標は、「食堂を入居者にとって日常的に安心できる環境にしよう」「談話コーナーを入居者と家族にとって、プライバシーを守りつつも閉鎖的でない環境にしよう」にしました。２階廊下では、「入居者にとって『こんな廊下を歩きたい』と思えるようなきれいで温かい廊下にしよう」という目標が立てられました。

■表１　清雅苑における環境課題・環境づくりの目標・暮らし方シミュレーション

環境課題の整理	環境づくりの目標	暮らし方シミュレーション
（食堂の環境） →食事時の環境が中心 ・下膳が早くて落ち着かない ・いつもテレビの音がしていて落ち着かない ・食堂の隅に使わないものが置きっぱなしになっている　等	（３階：食堂・談話コーナー） ①食堂を入居者にとって日常的に安心できる環境にしよう ②談話コーナーを入居者と家族にとってプライバシーを守りつつも閉鎖的でない環境にしよう →食堂の暮らし全体をテーマに	（３階：食堂・談話コーナー）（２階：食堂省略） →食事以外の時間帯の過ごし方に意識が広がる 【朝】朝食前に起きている人同士で話をしたい 食後ゆっくりしたい 【昼】面会の家族と水入らずに過ごしたい スタッフやボランティアさんと話がしたい 【夕】一杯やる人同士で集まって話をしたい 食事以外でも、飲んだり食べたりしたい 【夜】寝つけないときに、座って雑誌を読みたい
（Ｕ字型テーブル） →ケア環境も考える ・介助者が前に立つので威圧的、イメージもよくない ・食事介助が入居者のペースに合わせにくい　等	（２階食堂） ①食堂を入居者にとってくつろげる自分の家であり、好きなお店にしよう →暮らしの場として環境の質をテーマに	
（廊下の環境） ・廊下の両端が、おむつ箱や車いすの置き場、倉庫のようになっている ・いすはあるものの、くつろげる感じではない ・掲示物が交換されずに、季節外れになっている　等 ・一直線の廊下は殺風景	（廊下の環境） ①入居者にとって「こんな廊下を歩きたい」と思えるようなきれいで温かい廊下にしよう →歩くだけでなく、暮らしの場としても見直す	（廊下の環境） 【朝】まだしっかり目が覚めていないので、すっきり廊下を歩きたい 【昼】入居者の作品を眺めて話がしたい お知らせがもっとわかりやすいといい 自分の部屋がもっとわかりやすいといい 【夕】休憩スペースでおしゃべりがしたい 【夜】灯りがついたスペースがあると、眠れないときにうれしい

出典：児玉桂子「認知症ケアのための施設環境改善の手法と実践」日本建築学会編『認知症ケア環境事典―症状・行動への環境対応Ｑ＆Ａ―』ワールドプランニング、2009年、43頁の表１-４-３に加筆、再構成

Case 1

　3階の食堂の場合、はじめに、キャプション評価では食事のための環境として課題を把握し、その解決を目指して目標を立てました。ところが、時間帯ごとの暮らし方シミュレーションにより、ここで入居者がどのように暮らしたいか具体的にイメージし、それを支援するためにどのようなケアが求められるかなどを話し合う中で、入居者にとっては食事以外の時間帯の過ごし方への要望が大きいことに気づきました。2階で取り上げた廊下では、歩くための通路としての環境改善だけでなく、暮らしの場としても見直すことになりました。環境づくりの目標を立てるには、現状の環境課題を把握すると同時に、入居者の望む生活に応えるような視点が必要だとわかりました。

　コアメンバーは全職員が同じ目標に向かって一緒に取り組めるように、各目標を達成するためのわかりやすい条件についても考えました。2階の廊下では、「掲示物が見やすい高さであること」「各場所がわかりやすいこと」などです。3階の食堂では、「介助席をなくすこと」「居場所の選択ができること」を「安心できる環境」の条件と考えました。このときに大切にしていた視点は、「生活の継続性」や「自己選択への支援」でした。

　次に、目標達成のための条件や大切にしたい視点を踏まえて、環境づくりのアイディアを出し合いました。はじめのうち出てくるアイディアは、「家具や小物を購入する」「レイアウトを考える」という既存の場所を改造するという目に見える物理的環境ばかりでした。検討をすすめるうちに、「利用者への接し方」や「物品の使い方の改善策」など目に見えないケア自体のあり方の改善案、ある時間帯の職員配置の人数調整、実費負担を徴収するなどのケアにかかわる社会的環境や運営的なシステム面からのアイディアも出てきました。

　こうした変化は、物理的環境・ケア的（社会的）環境・運営的環境の3つの側面を考えて付箋を色分けする作業方法の効果でもあり、最初は青色の物理的環境のアイディアから始まっても、次第に黄色のケア的環境やピンク色の運営的環境も含めて全体のバランスに配慮できるようになりました。

（4）ステップ4〜5：環境づくりを実施する・新しい環境を暮らしとケアに活かす

　このステップの途中で、コアメンバーが6施設合同の「ケア環境インテリア講座」に出席しました。そこで解決が難しいと思う課題について相談した

ことがきっかけになり、研究グループの建築士が施設を訪ねることになりました[4]。コアメンバーは建築士と一緒に、既存環境の物理的条件を見てまわり、実施に向けたアドバイスを受けました（写真）。その結果、あきらめかけていた食堂の造作カウンターの撤去をはじめ、作業時間や費用などを考えながら、わかりやすい効果の得られるアイディアを選び、3階の食堂においては表2に示すような環境づくりを実施しました。この表を見れば、一つの環境改善により得られる効果は、PEAPの複数の次元にわたることがわかります。

　2階も含め実施した項目の中には、期待する効果が得られるかどうかを確かめるために、手間や費用をかけずに仮設的に試みたものもありました。例えば、表札やサインの高さを低くすること、壁とコントラストを付ける手すりの色の変更などです。仮設的な取り組みにより効果を確かめられた改善項目は、次年度の改修工事のときに本格的に実施することができました。

　周囲の人たちの理解と協力を得ながら環境づくりを行うには、どのアイディアを、いつ、誰がどのように実行するかを計画書にまとめる必要があります。清雅苑では環境づくりを実施する段階で、各フロア内に実行担当の職員グループを決めて、コアメンバーから各職員グループに作業を引き継ぎました。実行担当者は、「目標を達成するための条件」を手がかりにして計画書をつくり、物品購入などわかりやすいことから環境づくりを始めました。具体的な取り組み例と得られた効果は次のようなものです。

建築士のアドバイスを得ながら計画案を練る

Case1　特別養護老人ホームにおける施設環境づくり

Case 1

■表2　環境づくりの取り組みの内容—PEAPでの整理（食堂）—

取り組み PEAPの次元	食堂の環境 ①2階と3階の食堂家具の交換	②食堂の造作カウンターの撤去	③食事介助方法の見直し （U字型テーブルの撤去→低いテーブルと介助いすを用意する）	④食堂内の談話コーナー	⑤小物類と暮らし方の工夫
見当識への支援	・穏やかな環境変化	・空間の見通しと動ける範囲の一致（わかりやすさ）	・見慣れない形のテーブル→普通のテーブル	・食堂内にわかりやすく特徴のあるコーナーを設ける	・時計の位置を見やすく下げる
機能的な能力への支援	・床と家具を見分けやすく（色のコントラスト）	・空間の広さと動線確保 ・自然な食卓配置	・上を向いて食べる→誤嚥を防ぐ食事姿勢へ ・並んでいる人からの声かけと介助 ・自分のペースで食べる	・無理のない動線確保 ・車いすから座り換えられるソファー	・車いすでも見やすい位置に
環境における刺激の質	・同系色の単調なインテリア→色彩に変化をつける ・色違いの家具 ・穏やかな環境変化		・普通のテーブル ・並んでいる人からの声かけと介助 ・テーブル周りが見渡せる	・不要な物を片づける ・自然光やリラックスできる光色 ・家具や小物（柔らかな素材、質感、色）、植物	・壁に柔らかい布を飾り、生け花を飾る ・朝昼晩の区別をつけるための音楽を工夫
安全と安心への支援	・慣れている質感と形の家具 ・床と家具を見分けやすく（色のコントラスト）	・無理のない動線確保 ・自然な食卓配置 ・インテリア空間の見通しと動ける範囲の一致	・上を向いて食べる→誤嚥を防ぐ食事姿勢へ ・並んでいる人からの声かけと介助 ・下膳を個人のペースに合わせる	・不要な物を片づける ・無理のない動線確保 ・ゆったりくつろげる ・光の色や明るさ	・小物類は状況に合わせて臨機応変に対処する
生活の継続性への支援	・色違いの家具	・自然な食卓配置	・普通のテーブル ・自分のペースで食べる ・下膳を個人のペースに合わせる	・穏やかな雰囲気づくり ・慣れている家具 ・なじみやすい広さに仕切れる	・雰囲気を和らげ、もっている能力を引き出す ・花壇の花を植え替える
自己選択への支援		・場所の使い勝手が向上→過ごし方が多様に	・自分のペースで食べる ・意思表示や話がしやすい	・居場所の移動 ・居場所や過ごし方を選べる	・好きなものを選ぶ
プライバシーの確保			・そばの介助者に意思表示や話がしやすい	・少人数で過ごせる閉鎖的でないコーナー ・周りが気にならない	
ふれあいの促進		・自然な食卓配置で穏やかな雰囲気づくり	・同じテーブルに着席している人の顔が見える ・意思表示や話がしやすい	・穏やかな雰囲気づくり ・少人数での会話やふれあい	・話のきっかけになる小物や備品

●食堂の環境づくり（3階）

　フロアの中央部にある食堂は、開設当初と比べて車いす入居者が増えたため、手狭になっていました。造作カウンターで食堂とデイルームが仕切られていて、食堂スペースを広げられないだけでなく、入居者や職員の移動が制約されて使いにくい状況でした。この固定されたカウンターは、施工者に工事を委託して予算内で容易に撤去できました。この工事により、食堂やデイルームは時間帯により使うスペースの融通が利くようになり、移動も楽になって、食堂の使い勝手は向上しました。

　清雅苑のインテリアの色彩は、2階はグリーン系、3階はピンク系というようにフロア別のテーマカラーが設定されて、床、テーブルやいす、手すり、カーテンなどが同系単色に統一され、単調なものでした。もう少し色彩の変化が欲しいと思い、自分たちで対処できる方法を考えて、2階と3階が互いにテーブルやいすを交換しました。

　また、食堂の一隅は、使われない家具や不要品が置かれて倉庫のようでした。そこを片づけて、1階からソファーを持ち込み、車いすから座り換えてくつろげる場所を整えました。さらに、家族と水入らずで過ごせるコーナーを設け、必要に応じて開閉できるロールスクリーンを付けました。ロールカーテンは閉めたときに周りが暗くならないように、光が透過するすだれ状の素材を選び、柔らかな雰囲気をつくり出しました（写真）。

　すでに述べたように、食堂ではU字型介助席を排除して、介助者が隣のいすに座って個人のペースに合わせた食事介助や下膳をするようになりました。その他にも、お茶の種類を増やしたり、ゆったりした音楽を流したりするようにもなりました。

食堂に入居者用ラウンジと家族コーナーをつくる

Case 1

●廊下の環境づくり(2階)

　清雅苑の直線廊下は両側に居室が並び、幅も広く、そこに畳を敷けば116畳、6畳の部屋が19室以上も連なるような広さです。移動の途中に休める場所が欲しいと思っても、そこにとどまり落ち着いて過ごせる場所ではありません。キャプション評価で出てきた意見は、殺風景、一直線で金太郎飴のような風景で、どこにいるのかがわかりにくい、暗いなどでした。

　この直線廊下に、同じような居室がいくつも並んでいます。少しでも自分の部屋をわかりやすくするために、部屋の入口に「のれん」を掛けて違いをつけ、個人の表札を車いすで見やすい高さに下げました(写真)。これだけでも居室を間違える人は少なくなり、柔らかい布製の「のれん」は、廊下の雰囲気を和らげてくれました。

　バルコニーに面した廊下の端部は、車いす置き場や排泄用品の物置のようになっていました。そこを片づけて、少人数で過ごせる談話コーナーを設けました。部分的に既存の収納扉を取り払って小物類の飾り棚をつくり、衝立てで区画した場所に、テーブル、いす、照明器具や植木鉢などを置きまし

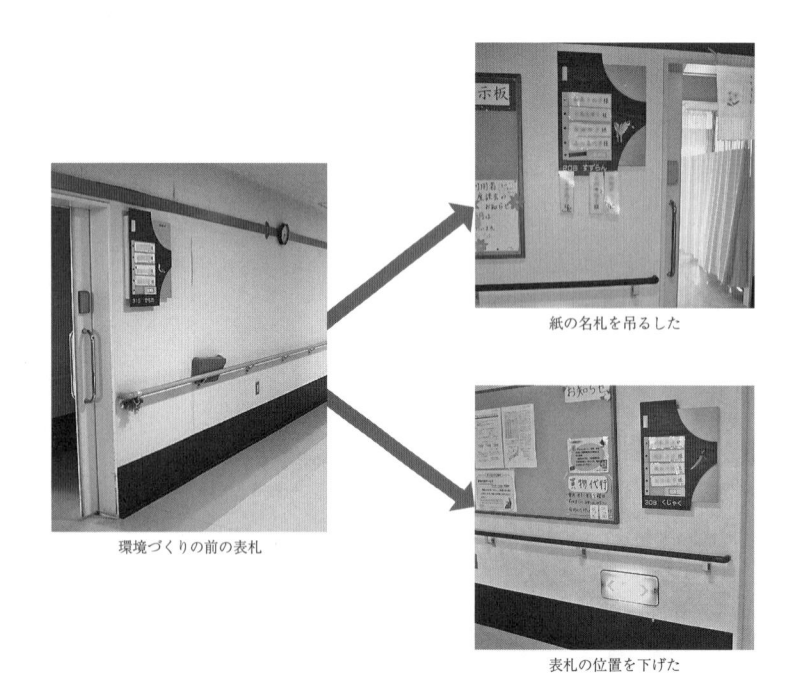

紙の名札を吊るした

環境づくりの前の表札

表札の位置を下げた

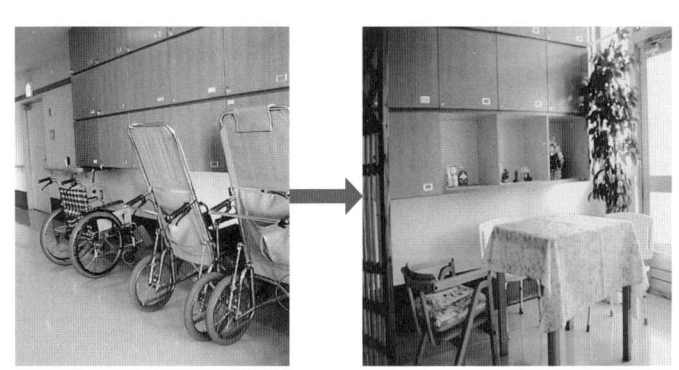

物置状態の廊下の端がくつろぎのコーナーに

た。外から光が入り明るい談話コーナーが出来上がり、入居者と家族がくつろげる場所として使われています（写真）。

次に続くステップ5は、新しい環境を暮らしに活かす段階であり、変えた環境に対する入居者の反応を確かめ、いろいろな角度から点検し、目標に向けて再調整する試行錯誤の段階です。環境づくりと連動して、入居者のケアプランや生活プランの見直しも行われました。

ケア的環境や運営的環境の取り組みには「ケアと環境への共通理解」が欠かせず、物理的環境を変えるよりも多くの職員の共通理解と協力、継続的な工夫が求められます。食事環境に関して意識的なステップを踏まずに、U字型の介助テーブルの使用停止から始まった一連の物理的環境とケア環境の改善策の連動と定着は、職員の「ケアと環境への共通理解と共感」によって支えられていました。

（5）ステップ6：環境づくりを振り返る

環境づくりに取り組んで得られる効果は、環境自体の改善による直接的な満足度の向上があげられます。この点に関しては表2にまとめたように、幅広い環境改善が実現できました。以前よりも施設は快適になり、入居者の居場所や行為の選択肢は増えました。個人に合わせた食事介助も定着しました。

取り組み全体を振り返るという最後のステップには、これらとは別の効果もありました。

施設内や共同実践研究に参加した6施設合同で、環境づくりの成果や今後の課題に関する発表会が行われました。こうした発表の場において、自らの

Case 1

取り組みについて振り返り評価したものを自分の言葉で語ることは、参加した職員のスキルや意識を高める学習効果がありました。継続的に環境づくりに取り組むためには、一緒に働き始める新しい職員に環境づくりの目的や方法を伝え、周りの理解や共感・同意を得ながら実施条件を整える必要があり、こうした「考えを説明する」スキルや意識がとても役に立ちます。

廊下の途中に新たに設けられたコーナー

　以上のような実践プログラムに沿った環境づくりを実行するには、勤務時間内に話し合いの時間を捻出することが現実的な課題としてありました。臨時の職員配置や超過勤務手当などについても条件を整える必要がありました。交代勤務のある施設において「全員が集まる会議」は、実質的に不可能に近いものがあります。取り組みの進行状況を「みんなで共有する」には、ポスターや伝言板など周知する方法、情報共有の工夫も必要です。このような工夫をしながら粘り強く職員全員を巻き込んだことで、環境づくりに対する職員の意識が変わったこと、現場のスキルが向上したことは見逃せません。また、現場の取り組みをバックアップする運営側の支援と理解があれば、家庭環境とはかけ離れた従来型の特別養護老人ホームでも、その施設のよさを引き出せ、施設なりの過ごしやすさを提供できることもわかりました（写真）。

（沼田恭子・児玉桂子・横山亮太）

文献
1) 青木隆雄・児玉桂子・影山優子ほか「特別養護老人ホームにおける施設環境づくりプログラム（改訂版）の実践とプロセス評価」児玉桂子研究代表『認知症高齢者環境支援指針に基づく既存施設の環境改善手法の開発と効果の多面的評価（平成16―17年度科学研究費補助金報告書）』日本社会事業大学、2006年、53〜128頁
2) 横山亮太「ケアスタッフと専門家の連携で進める環境づくり」『ふれあいケア』Vol.12、No.11、2006年、18〜22頁
3) 児玉桂子「認知症ケアのための施設環境改善の手法と実践」日本建築学会編『認知症ケア環境事典―症状・行動への環境対応Q＆A―』ワールドプランニング、2009年、1〜4頁、35〜50頁
4) 沼田恭子「環境デザインから施設環境づくりへのアプローチ―3施設におけるケーススタディ―」児玉桂子研究代表『認知症高齢者環境支援指針に基づく既存施設の環境改善手法の開発と効果の多面的評価（平成16―17年度科学研究費補助金報告書）』日本社会事業大学、2006年、154〜169頁

Case 2 従来型特養におけるユニットケアにふさわしい環境づくり

　特別養護老人ホームマザアス東久留米（以下、マザアス東久留米）は1995（平成7）年に開設した従来型の特別養護老人ホームで、1階と2階のフロアに80名の入居者と10名のショートステイの利用者が暮らしています。入居者の平均介護度が4.5と重度化がすすむ中で、暮らしを大切にした寄り添うケアがしたいという職員の強い思いと環境づくりの専門家との連携により、従来型施設のユニット化に成功した事例といえます。ユニットケアの実現に向けて、「認知症高齢者に配慮した施設環境づくり支援プログラム」と「ユニット化改修支援プログラム」を用いて、施設の社会的環境・物理的環境・運営的環境をどのように変革していったか見てみましょう。

1 暮らしを大切にしたケアの実現に向けた歩み

（1）ユニットケアへの準備

　暮らしを大切にしたケアの実現に向けた歩みを表1に示しています。開設から8年を経た2003（平成15）年頃から介護職員より「時間に追われて入居者さんとふれあう時間がとれない」という声が上がるようになりました。各フロア45名の入居者を対象とした集団的なケアでは、効率的に介護業務をこなすことに追われ、落ち着いた、癒される暮らしを入居者に提供することは難しいと思い、ケアの質を変えたいと強く思うようになりました。

　まず、どのようなケアをしたいか、入居者にどのような暮らしをしてほしいかという職員のグループディスカッションに最も時間を割き、職員の目指すケアの方向をはっきりさせました。そのうえで、家族やボランティアなど施設を支える多くの人々と思いを共有する話し合いをきめ細かく行いました。さらに、ユニットケアを行っている従来型施設の見学などを行いました。

　環境改善の取り組みとして、個別ケアに向けた居室のパーティション設置や浴室の改造に取り組むと同時に、分業的な体制から一人の入居者になるべくトータルにかかわれる勤務体制へと改善を行いました。

（2）ユニットケアへの移行

　次に、2004（平成16）年からユニットケアへの移行を図りました。各フロア45名から、1ユニット15名へと小グループ化を図り、食事は2階では各ユ

■表1　マザアス東久留米のユニットケアへの歩み

目標	取り組みの内容	環境の改善
ユニットケアへの準備 （2003年）	・どのようなケアをしたいか職員のグループディスカッションを6回開催 ・生活介護課を中心に、会議を頻繁に開催 ・家族、ボランティア等への説明会を多数開催 ・ユニットケア研修や施設見学実施	（物理的環境・社会的環境） ・居室にパーティション設置 ・畳コーナーを改修 ・個別ケアにふさわしく浴室改修 ・分業的なケアからトータルなケア体制へ
ユニットケアへの移行 （2004年）	・各フロア45名のケアから、1ユニット15名に小グループ化（1階は大食堂での食事継続、2階はユニットで食事） ・暮らしの視点から個別ケアを実施して、入居者一人ひとりに応じた居場所をつくる	（社会的・運営的環境） ・ユニット職員を固定配置 ・食事等に対応するパート導入 ・寄り添うケアへ提供方式の見直し ・「寄り添うケアの実現」に向けて委員会設置
施設環境づくりプロジェクトへの参加 （2005年3月～2006年4月）	・日本社会事業大学＋6特養合同の施設環境づくりプロジェクトに参加をして、認知症高齢者の視点に立つ施設環境づくりとその手法を実践する	（物理的環境・社会的環境） ・落ち着かない利用者の居場所づくり ・食事テーブルの見直し、リビングの整理整頓等、改修を見越して小規模にとどまる ・記録のオンライン化
ユニット化改修プロジェクト （2006年12月～2008年3月）	・2フロア合計90名（含むショート）の従来型特養を現定員のまま、6ユニットに改修を行う（2007年7月～2007年12月の工事期間6か月） ・全体会議、設計チーム、住みこなし支援チーム、環境評価チームが協力して、円滑な改修を行う	（環境全体） ・認知症に配慮した親しみやすい環境 ・各リビングを中心に生活が行われる ・暮らし方シミュレーション・シートで個別ニーズの把握
ユニットの活用 （2008年以降）	・年度事業計画に、環境を活かしたケアの取り組みを盛り込む	・新たな環境を活かした生活プランやケアプランの実施

出典：児玉桂子「特別養護老人ホームにおけるユニット化改修に向けたこれまでの取り組み」児玉桂子研究代表『認知症ケア実践のための施設環境づくりテーラードプログラムの開発と有効性の評価（平成18―19年度科学研究費補助金報告書）』日本社会事業大学、2008年、3～5頁に基づき一部修正して作成

ニットの談話コーナーに分かれてとるようになりました。しかし、1階では狭い談話コーナーより庭に面して明るい大食堂を希望する入居者も多いため、集団での食事が継続しました。

　環境改善として、ユニットを担当するなじみの職員がトータルに入居者にかかわれるようにして、できるだけ入居者のそばに寄り添うことを意識したケアをするなど社会的・運営的環境の改善に取り組みました。

（3）施設環境づくりプロジェクトへの参加

　2005（平成17）年には、日本社会事業大学の呼びかけに応じて近隣6施設合同の施設環境づくりプロジェクトに参加しました。プロジェクトの詳細は、ケース1の清雅苑の事例に述べられているので割愛しますが、マザアス

東久留米でもコアメンバーを中心に6ユニットすべてが参加しました。物理的な環境改善は、食事に使われている狭い談話コーナーのテーブルの配置や整理整頓など小規模なものにとどまりましたが、環境づくりの研修や実践を通じて「施設は職員の仕事の場である前に、入居者の暮らしの場である」という当たり前のことを全職員が再認識し、環境づくりへの意識を高めました。

(4)ユニット化改修プロジェクト

　ユニットケアの実施により、「入居者の笑顔が増えた」「表情が変わった」「おむつの着用が減った」「食事の自立度が上がった」など、たいへんうれしい入居者の変化に職員が気づくようになりました。一方、廊下の延長にある談話コーナーは、住まいらしい設(しつら)えもなく、緊急時に対応するスペースにも事欠く狭さでした。安心感のある暮らしには、癒される関係性だけでなく、物理的にも家庭の居間のようなくつろげる空間が必要だと強く思うようになり、2007(平成19)年に専門家の協力を得てユニット化の改修に着手することになりました。

2　ユニット化改修支援プログラム

　住みながらの改修には、職員も入居者も大きな不安を感じます。マザアス東久留米では、「従来型特養ユニット化改修支援プログラム」の採用により、改修設計プラン作成、全体会議、ユニットごとの住みこなし、環境評価を職員と設計者や環境づくりの専門家が連携して円滑にすすめることができました[1)2)]。ここでは、ユニット化改修のプロセスを詳しく見ていきます。

(1)職員参加による改修設計プランの作成

　改修前のマザアス東久留米では、1階・2階ともに大きな食堂と3か所の談話コーナーがあり、床や壁は白やグレーなどの無彩色で刺激のない施設的なインテリアでした。2004(平成16)年のユニットケアへの移行後には、各ユニットの談話コーナーで食事を行いましたが、大変狭く通路の確保も困難な状況にありました。特にリクライニング型車いすを利用する入居者が多い1階では、大食堂を使用したので落ち着いて食事を楽しむ雰囲気ではありま

Case 2

せんでした。

　改修では、なじみやすい広さのリビングを各ユニットに確保することを第一の目標にしました。ユニットの規模を国基準の9～12名程度にするために、現在の15名構成のグループをさらに細分化することも検討しましたが、予算を大幅に超えることから、現状の談話コーナーを核とした6ユニットを維持すること、居室数を削減しないこと、特に個室数を維持すること、工事中の入居者減を最小限にすることなどの方針が決まりました。

　各ユニットのインテリアはフロアごとに職員へのヒアリングを行い、それに沿って計画され、家庭的で温かみがあり、良質な刺激を与え、かつ融通性のあるインテリアを基本としました。各種インテリアは、後述する住みこなし支援の中で、専門家チームが全体の調和を考慮して用意したサンプルから、各ユニットの職員が選びました。

　マザアス東久留米のユニット化改修工事は、工程のすすめ方にも工夫があります。工事は2008（平成20）年7月から12月までの6か月間に、まず大食堂に2居室を新設して、談話コーナー周辺にある2居室を解体してリビングを広げるといった工事が順繰りに6回繰り返されました。一挙にやってしまえば、工費節減になりますが、入居者への影響が大きくなります。このやり方でも、工事中に居室移動をする入居者が出ましたが、ショートステイの定員を減らすことなく工事をすすめることができました（図1、写真）。

（2）円滑な工事に向けての全体会議

　施設長などの管理職・フロアリーダーやユニットリーダー・相談員・看護師・栄養士など職員チームと環境づくり専門家チームや設計者で、工事前から工事期間を通じて5回の全体会議をもち、住みながらの改修への不安解消と円滑なユニット化への移行を図りました。職員の不安は、工事関連、工事期間中の入居者の生活やケア、ユニット改修に伴う生活やケアの変化と多岐にわたります。

　円滑な改修工事を行うためには、施設側や職員はユニット化改修の目的や入居者の生活・ケアへの影響を十分話し合い、目標を共有することが最も大切です。次に、改修計画の具体的な内容や工事期間中の生活・ケアへの影響に関する情報を事前に把握して、起きることを予測して対応策を練っておくことです。設計・施工者は、設計意図を模型を用いて職員に伝えて、コンセ

■図1　従来型施設をユニットへ改修

改修前

改修後

個室1室を移設

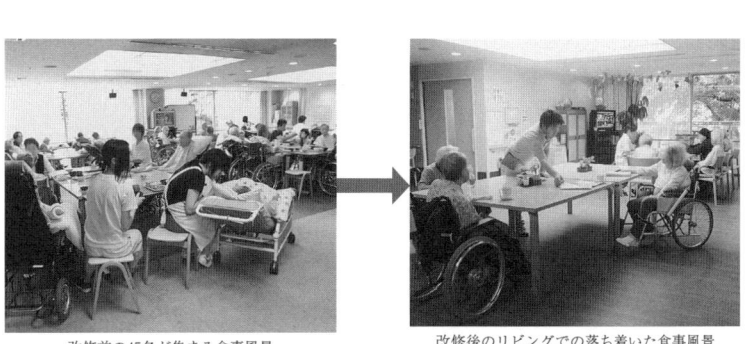

個室を各ユニットから1室ずつ食堂に移設して、こぢんまりしたリビングに改修

改修前の45名が集まる食事風景

改修後のリビングでの落ち着いた食事風景

Case2　従来型特養におけるユニットケアにふさわしい環境づくり

ントの位置など細かい使い勝手は職員の意見を十分組み込むようにします。できるだけ音やにおいの少ない工法を工夫して、騒音やスケジュールの変更は十分打ち合わせることでトラブルは回避できます。一般人を

職員と専門家による全体会議

対象にした工事ではたいしたことがないトラブルでも、安定した環境を常に保つ必要がある重度の入居者には、予想以上の影響があるといえます。しかし、十分な準備や情報の共有を図れば、工事の影響を過剰に心配する必要がないことが明らかになりました（写真）。

（3）リビングの住みこなしへの支援

　着工前に設計者から改修プランの説明を受けても、新しい空間をイメージしてそこでの暮らしを考えるのは現場職員にとって難しいことです。改修前と改修後のリビングの平面図、入居者の座席（一般型車いす・リクライニング型車いす・一般いすなど）、家具等を1／50に縮尺した型紙を用いて、シミュレーションを行いました。まず、改修前の平面図に家具と入居者の座席を配置しながら、入居者の相性・食事介助の必要程度・居室やトイレへの動線などから、なぜそのような座席配置になっているのか現状を把握しました。

　さらに改修後のリビングの平面図に基づき、新しいリビングの環境の特性を、自然光の向き、外部との関係、居室・洗面所・流し・トイレとの関係、テレビと食卓の位置、見守りのしやすさ、動線等について専門家から説明を行い、入居者の身体状況にあった座席型紙を用いて、座席の検討を行いました。慣れている現在の暮らしを継続するために、座席をなるべく変えない方針をとり、2〜3案を作成しました。

　この作業を通じて職員はリビングの環境を入居者の状態やケアに合わせて変えられることを経験し、職員同士が意見交

ユニットごとに住みこなしの支援

換することにより改修後の暮らしについての共通認識の形成にも役立ちました。ユニットケアを採用しても、ケアに環境を取り入れる視点やスキルを学ぶ機会が少ないケア現場では、せっかくの環境が活かされない例が多くみられます。今回の縮小図面や座席型紙を使用したグループワークの手法は、ケアの現場に広く応用できると思います（写真）。

3 ユニット化改修の効果

　今回は、ユニット化改修支援プログラムをすすめてきた専門家からなる環境評価チームが、施設環境への満足度、職員のストレス、リビングの使われ方、日勤職員の歩数など多面的に改修前後の評価を行いました[3)4)]。

（1）多面的施設環境評価尺度による環境の変化

■79〜81頁参照

　建物・設備、生活の継続性、個人の尊重、交流、見守りのしやすさ、プライバシーの確保、家族の安心、入居者・職員の安心感、職員のモチベーション、施設への愛着など12次元67項目について、職員からみた職員自身や入居者等の満足度の把握をしました。改修後には67項目の半数に当たる33項目で満足度の向上や不満の減少がみられました。

　満足度が向上した項目として、建築・設備に関して、家庭的な雰囲気、ケアや見守りのしやすさ、居室のわかりやすさなどがあげられます。さらに、入居者の生活の継続性や役割の工夫、自分で選択する機会など個人の尊厳にかかわる項目にもプラスの影響を及ぼしていることがわかりました。

　また、職員の仕事への意識、個人やチームでの仕事の裁量、職員の施設への愛着、施設や職員への家族の信頼などの17項目は、改修前から満足度が高く、改修後もその状態が維持されました。

　改修後に不満の多い項目として、居室やトイレの排泄臭、浴室の換気、職員のトイレなど今回改修を行わなかった項目があげられました。また、洗面台の高さへの不満も残されており、平均介護度4.5の重度の入居者の自立を支える設備の難しさがあります。

（2）ユニット化による入居者・家族・職員への影響

　改修から3か月を経た時点でのユニット化による影響を職員の自由記述で

Case 2

■表2　ユニット化改修後の暮らしやケアへの影響

対象者	○…プラスの影響　　●…マイナスの影響
入居者	○ なじみの関係が生まれた ○ 家庭的な雰囲気が生まれ落ち着いて過ごせる ○ リビングが広くなり開放感がある ○ 歯磨きに集中してできるようになった ○ おむつからトイレへの排泄の自立度が上がった ○ 職員の名前や顔を覚えた ○ 入居者が元気になった ● 大食堂からユニットで食事をするようになり交流の機会が減った
職員	○ 個々の入居者への理解が深まる ○ ユニットの特性を考えたケアをするようになった ○ 仕事がやりやすい ○ リビングは広く明るくなり気分も明るくなった ● 少人数で15名をみることは負担 ● 他ユニットとの連携が不足 ● いろいろな試みをするユニットとそうでないユニットの差がある
家族	○ 職員との距離が縮まり信頼関係の向上 ○ 入居者と団らんしやすい ○ リビングの雰囲気がよくなり喜ぶ ○ 家族間でなじみができ、つながりが深まる

注：改修3か月後の職員による自由記述より
出典：児玉桂子「ユニット化改修が利用者に及ぼす影響—自由記述を中心に—」児玉桂子研究代表『認知症ケア実践のための施設環境づくりテーラードプログラムの開発と有効性の評価（平成18—19年度科学研究費補助金報告書）』日本社会事業大学、2008年、123〜127頁に基づき一部修正して作成

みると、ここにもプラスの影響が大きく示されています（表2）。職員と入居者・家族との距離が縮まり、信頼関係が増して、入居者の日常生活の自立や落ち着きが生まれています。家族には、ユニット便りが送られるようになり、施設を訪問しやすくなり、家族同士のなじみの関係やつながりも深まることがわかりました。

マイナスの意見としては、改修直後のこともあり、15名のユニット入居者に責任をもつことへの職員の負担やユニット間の連携が課題としてあげられています。

4　施設環境づくりの今後

入居者一人ひとりの暮らしを大切にして寄り添うケアを行いたいという職員の思いを原動力にして、環境づくりの専門家との連携により、物理的環境・社会的環境・運営的環境のバランスのよい施設環境へと変革を遂げまし

た。ユニット化改修後には、施設の事業計画に環境づくりが位置づけられ、環境を積極的に取り入れた暮らしやケアプランが実施され、平均要介護度4.5の認知症高齢者の中にこれほどの可能性が眠っていたのかと驚かされます。この詳細は、ステップ5の「新たな環境を暮らしとケアに活かす」に取り上げています。

■60〜68頁参照

（児玉桂子・小森雅子・古賀誉章・沼田恭子・大久保陽子）

文献

1）児玉桂子ほか「従来型特養のユニット化改修支援プログラム―マザアス東久留米での試み―」『地域ケアリング』Vol.11、No.14、2009年、10〜19頁
2）「環境はかえられる―マザアス東久留米5年間の実践(1)〜(6)―」『シルバー新報』2009（平成21）年8月21日〜10月2日（小森雅子・古賀誉章・武笠恵子・沼田恭子・矢島美由紀・児玉桂子により連載）
3）児玉桂子研究代表『認知症ケア実践のための施設環境づくりテーラードプログラムの開発と有効性の評価（平成18—19年度科学研究費補助金報告書）』日本社会事業大学、2008年
4）児玉桂子・古賀誉章・沼田恭子ほか「特別養護老人ホーム改修における環境心理的調査の活用」『日本建築学会大会学術講演梗概集』2009年

Case 3 ショートステイにおける施設環境づくり

1 かしわ苑の施設概要と取り組みの経緯

　この事例は、ショートステイの居室の環境づくりに取り組んだ、ほかにはない事例です。また、「環境づくり支援プログラム」の経験者なしに、書籍による情報だけで、職員独力で取り組んだ事例でもあります。その点で、この本の読者の皆さんには大変参考になり、そして心強く感じるものと思います。

　北新宿特別養護老人ホームかしわ苑（以下、かしわ苑）は、東京の東中野駅近くの住宅街にある定員80名とショートステイ10名の特別養護老人ホームです。隣にはシルバー住宅等が併設されています。1994（平成6）年に新宿区立として建設され、1995（平成7）年に新宿区が出資する新宿区社会福祉事業団の運営により事業を開始しました。建物は3階建てで、1階がデイサービス、2・3階が特別養護老人ホームです。特別養護老人ホームは4人部屋が主体で、認知症の入居者も区別なく暮らしています。ショートステイ（以下、ショート）は、2階に4人部屋1つと個室2部屋、3階に2人部屋2つがあり、ショート専用の共有スペースはなく、特別養護老人ホーム入居者と一緒に生活しています。

　ショート居室の環境づくりの取り組みは、平成19年度に「サービス向上委員会」によって行われました。サービス向上委員会は、介護職員4名に介護主任・看護師・相談員・施設長からなり、主に職員の意識向上・接遇改善・研修などを担当する委員会です。委員会は毎月1回の夕方に開かれ、介護職の委員はその日は一日フリー（日勤扱い）で委員会にかかわる業務を行うことができるようになっています。

　この施設では、以前から職員個々には環境をよくしていこうという思いがあり、自販機スペースを共有スペースに模様替えするなどの取り組みはありましたが、意図が周囲に伝わらず、施設全体としては十分に意欲を活用できていませんでした。そこで委員会活動の一環として、入居者にとってよりよいケアを提供する取り組みを行うことを考えました。実施主体がはっきりすることで、幅広い意見の集約等が容易になって、今後の改善にも活かすことが期待できます。ただ、高齢者にとって環境が大事なことは誰もが一度は耳にしているはずですが、どのような過程で環境を改善していくのかは不明確

でした。そんなときに、『痴呆性高齢者が安心できるケア環境づくり』という本に載っていた「施設環境づくり実践プログラム」[1]に出会ったのでした。

2 環境づくりの概要

(1) ステップ1：PEAPの勉強とショート居室の選定（平成19年4～5月）

まず、委員会で「施設環境づくり実践プログラム」の実施を提案し、取り組みをスタートしました。最初は、関連図書からPEAPと実践プログラムについて勉強し、実践報告書を読み込んで、かしわ苑でも実施できるかどうかを検討しました。その結果、かしわ苑の場合は外部の研究者集団の参加が期待できないため、研修・発表をはじめとして過程をすべて職員自らが段取りし実行しなければならないことや、途中で意見や助言が得られないこと、が問題点として予想されました。そのうえ、委員会には他の検討事項もあり時間が限られていること、報告書の事例は利用者10名前後のグループでの取り組みだったこともあり、施設全体を対象とした取り組みとせずに、かしわ苑流にアレンジしてすすめていくこと、を考えました。環境づくりは、全職員を巻き込んで意識を高めないとできないと感じており、施設全体の目を一度に向けるのは一冊の本の情報だけでは難しく、限られた範囲で先行的に試してみるのがよいと思いました。

そこで、委員会の担当でもあったショート居室に着目しました。ショートは責任をもって居室環境を考える担当の介護職員がおらず、特別養護老人ホームと同様に快適に過ごせる環境が整っているとはいえませんでしたが、一時利用ということで見過ごされており、かねてより課題となっていました。試験的にショート居室10床を対象としたミニプログラムを行い、具体的な成果をあげることで、施設全体の取り組みへと結びつけようと考えたわけです。

(2) ステップ2：キャプション評価法とノートの回覧（平成19年7～8月）

ステップ2では、実際に気になる点や気がついた点などを写真に撮って

Case 3

キャプションカードにまとめました。本来ならば、各部署の職員や家族にも参加してもらうことになっていますが、環境づくりに対する知識不足や協力を仰ぐ時間的な問題等から、委員会の介護職員（4名）が、よいと思う点・気になる点などをできる限り抽出して、1冊のノートにまとめ、それを回覧してコメントをもらい、意識の共有化を図る方法をとりました（図1）。

■36頁参照

（3）ステップ3：キーワード別に問題点の抽出とコンセプトの決定（平成19年8～9月）

続いて、キーワード別に問題点を抽出し、環境づくりのコンセプトを決定しました。まず、キャプション評価法であがってきた問題点等を、キーワード別に分類していく作業を行いました。表1の①～⑥までのキーワードに分けて、それぞれ出た意見から、よいと評価された点（○）、悪いと評価された点（×）に分けて整理しました。これをもとに効率的に優先順位をつけて改善に取り組んでいくことになります（表2）。

次に、環境づくりのキーワードをもとに、委員会でショート居室の今後の環境改善の基本方針（コンセプト）を次のとおり策定しました。

「親しみのもてる温かな雰囲気のある清潔で機能的なショート居室づくり」
「和を基調とした穏やかな空間」

環境づくりの目標は、前者のような抽象的・総花的なスローガンにとどまってしまうことが多いのですが、プログラムに忠実に、目標をもう一段階具体的なものに落とそうと意識して、落ち着く・親しみ→慣れ親しんだもの

■図1　キャプションノート

左にカード、右にコメント欄を設け記入してもらう　　各部署の全職員に回覧し、回覧したら確認印をもらう

■表1　ショート居室の環境づくりのキーワード

キーワード	評価	意見
①生活感のある環境づくり	×	ショート居室のベッド周りが何もなくて淋しい
	×	洗面台周辺が殺風景
②入居者と介護者に使いやすい環境づくり	×	利用者には何の引き出しかわからず整理整頓しにくい
	○	居室入口に貼紙や看板等があって、わかりやすい
	×	利用者に案内表示がわかりにくい
	×	洗面台やトイレ内、ベッド脇に杖を置きにくい
	×	共用衣類棚の整理方法に検討が必要
	○	上着をクローゼット方式に変更
	○	居室入口にのれん等をかけてわかりやすくしている
③快適な環境づくり	×	洗面台の棚が雑然としていて見た目が悪い
	×	自立の方は、洗面用具が取りにくい
	×	居室壁や床頭台の汚れが目立つ
	○	床頭台や居室の一部に塗装をしている
	×	居室入口のウエルカムボードの目線が高くて見えない
④多様な交流を支える環境づくり		
⑤事故の予防と安全の確保	×	トイレ内のおむつ類の整理棚が乱雑
	×	トイレ内のおむつの置き場所が段ボール箱
⑥プライバシーへの配慮	×	トイレ内のおむつがむき出しのまま置かれている

■表2　改善の優先順位（キーワードとして出た項目の多い順で）

場　所	内　　　　容
①洗面所	・コップ類の置き場所　・上部の棚にのれん設置　・杖置きの設置 ・ペーパー類のカバー等　・生活案内、献立等の掲示はどうか
②床頭台	・衣類ラベル等の設置 ・塗装→色彩を検討（アイボリー・ベージュ・薄いピンク等）
③居室入口	・プライバシーに配慮したのれんを設置 ・ネームプレートの工夫　・ウエルカムボードの変更
④トイレ	・杖置きの設置　・壁面等の塗装　・おむつの置き方の検討 ・ごみ箱　　　　・ペーパータオルの置き場所
⑤その他	・居室内壁面はどうするか　・ベッド周りのごみ箱設置 ・床頭台のないベッドがある ・ショート居室の入口外の廊下にテーブル、いすなど置けないか

実践編

→和、と連想しました。コンセプトは、すべての寄り拠になっているので大変重要です。具体的な目標となっていたので、この後の環境づくりのアイディアがスムーズに出てきたと思います。

（4）ステップ4：優先順位に基づいた計画の実施（平成19年9〜10月）

定められたコンセプトと優先順位に従って、順次環境づくりを行いました。交渉の末、環境づくりのために特別に10万円という予算を確保することができました。ここではPEAPの次元に沿って、改善の結果を報告します。

●機能的な能力への支援

① 居室各洗面所・トイレ内に「ペーパーホルダー」を設置

今まで、手洗い後のペーパーを取り出すのに苦労している姿をよく見かけましたが、ペーパーホルダー設置後は容易に自力でペーパーを取り出すことができるようになり、利用者より喜びの声があがっています。特別養護老人ホームの居室にも設置してほしいとの要望もあがっています。

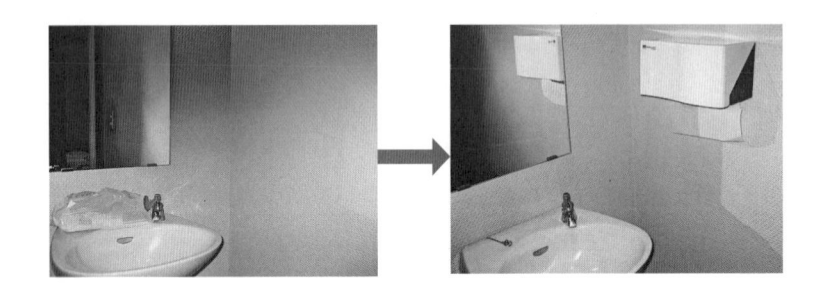

●安全と安心への支援

① 洗面台横・トイレ内に「杖置き」を設置

今まで壁に立てかけていたため、杖が倒れることもあって、それを拾おうとして転倒しかける等のリスクが懸念されていました。今回、量販店で簡単に入手できる壁用のフックを利用して、杖を立てかけられるように横向きに固定しました。フックは、形や大きさがさまざまなものが売っているので、場所や用途によっていろいろな選択が可能です。

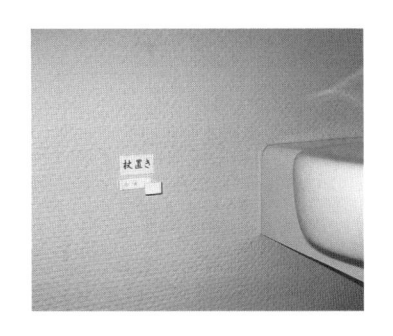

② トイレ内おむつ置き場の工夫

　段ボール箱にパッド類を詰め込んでいたため、衛生的にも外見的にも印象が悪いうえに、自立の利用者にはパッド類が取り出しにくい状態でした。そこで、新たにおむつ用に木目調の棚で、引き出しタイプになっていないものを購入し設置しました。和を基調とするコンセプトに基づき、あえてプラスチック製ではなく木目調を選択しました。自立の利用者にとっては、機能的な能力の支援にも通じるものです。機能性を重視して前面を開けたままにするか、布等で覆うかは使用状況をみて今後検討することになっています。

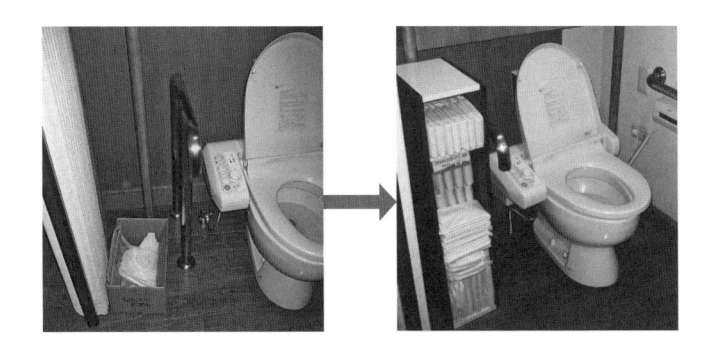

●生活の継続性への支援・自己選択への支援
① 壁や居室の障子に「麻製のスクリーン」を設置
　汚れてすすけていた壁に麻のスクリーンを貼ることで、汚れが目立たなくなり、同時に施設の無機質な風景が改善されました。今後スクリーン部に季節を感じられる装飾等も検討します。

Case 3

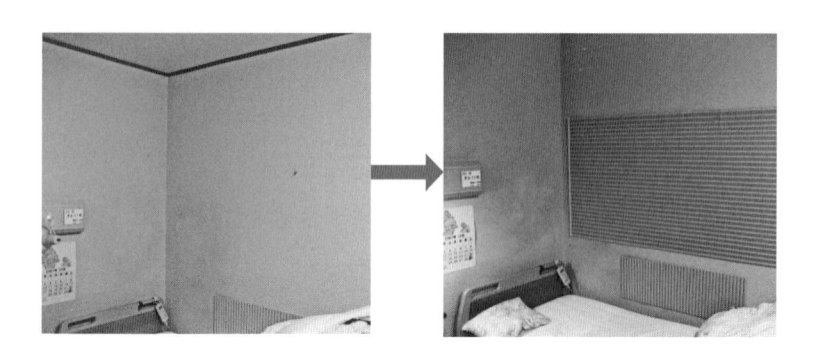

　また、障子に取りつけたスクリーンは、日よけとしての役割だけではなく、各ベッドのプライベート感をより演出することになりました。また、偶然ではありますが、日よけを薄緑色にしたことで太陽光を通した時に薄茶色の日よけよりも爽やかな印象を与えているように感じられます。

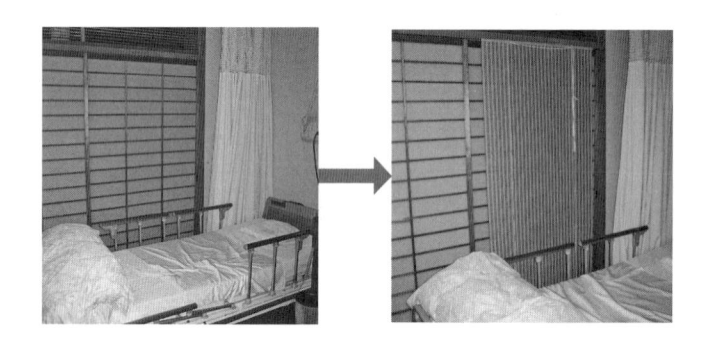

② 床頭台を塗装

　色あせ汚れていた床頭台を栗茶色に塗装し、古民家家具調を演出しました。もともと明るい木目調の衣類収納（床頭台）でしたが、色彩的には壁（白）と収納（木目一色）のツートンカラーで変化に乏しく、何か無機質な印象がありました。そこに同色系ですが一色増えただけでも、印象的にはだいぶ変化が感じられます。

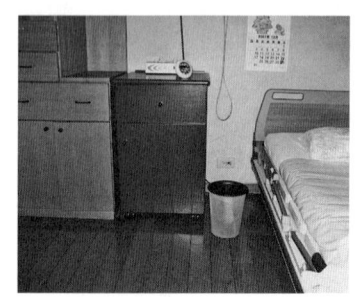

栗茶色に塗り直した床頭台(中央)。
左側にある家具が元の色と同じ。
空間の雰囲気に変化がでました

③　ゴミ箱を不燃紙で装飾

　無機質なゴミ箱に手づくり感のある、家庭的なぬくもりを演出しました。設置後、利用者にはとても好評で、手づくりの雰囲気がどこか懐かしくてよいとの意見をもらっています。

④　居室に生活案内・献立表を掲示

　洗面台脇に、今までなかった「月間予定表・一日の生活案内・食事のメニュー等」を掲示しました。初めは壁に直接貼っていましたが、白い壁と同化して見にくいので、木枠のボードを取り付けてそこに貼ることにしました。これによって利用者が情報を把握することができ、参加の選択ができるとともに、余暇活動への参加を促していくことも可能になりました。職員もそれを活用することで、容易に利用者へアプローチすることができるようになり、声かけの幅が広がりました。

⑤　トイレ・洗面所内の雑貨置き場等の工夫

　洗面台の上方に物品を置くための棚を設置していますが、職員が使う消毒液や予備の手拭紙等も無造作に置かれ、丸見えの状態でとても乱雑な雰囲気でした。キャプションカードでも多く指摘されていた問題点でもありました。そこで、棚の前面にのれんを設置して目隠しをしました。のれんを１枚設置するだけでも家庭的で温かい雰囲気づくりができたと思います。また、ちょうどのれんの後ろ側にライトが当たって、スペースに何か穏やかなアクセントを与えたようになりました。

　同様にトイレ内の棚にものれんを設置し、予備のおむつ類や手袋、消毒

液を目隠ししました。

　コップ類の置き方に関しても、コップホルダーなどの購入を検討しましたが、衛生面の理由から再検討することとして、試しにコップを置く皿を設置して様子をみています。

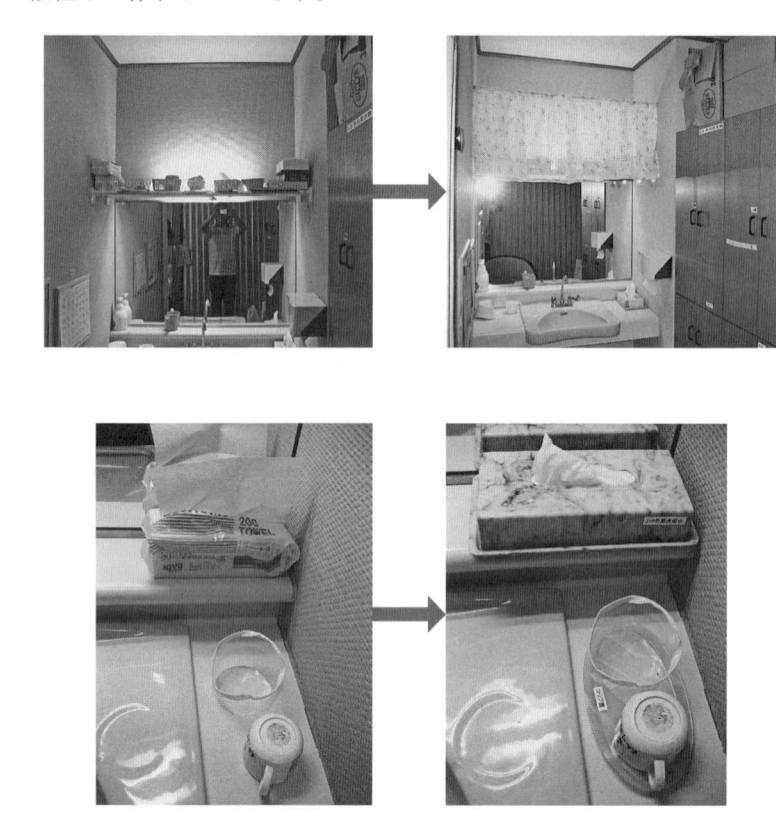

●プライバシーの確保・見当識への支援
① 居室入口ののれんをより中が見えにくいのれんへ変更

　これまでものれんをかけていましたが、居室内部が丸見えで装飾的な意味あいしかもっていませんでした。今回、丈の長いのれんをかけることで居室内部が見えにくくなり（事故防止の視点から、あえて薄手のものを選択し、居室内部が全く見えなくならないように工夫）、廊下の端からでも居室内部がすべて丸見えのような状態が改善され、より落ち着きのある居室空間づくりに成功しました。

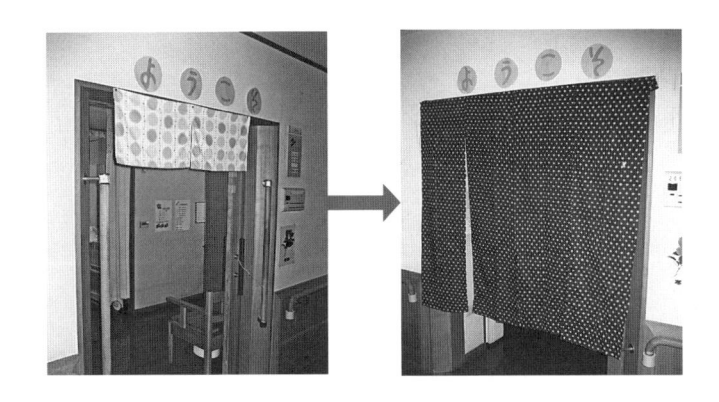

② 居室の入口のウエルカムボードを改良

　以前は、英語の「welcome」等の表記が書かれたボードを設置していましたが、高齢者にはわかりにくく、設置位置も職員の目の高さでした。今回設置に当たっては、利用者の視点の高さ（車いすに乗っていても視界に入りやすい高さ）も気にしながら、それぞれの居室ごとにボードの種類を変えて部屋ごとに特徴をもたせました。

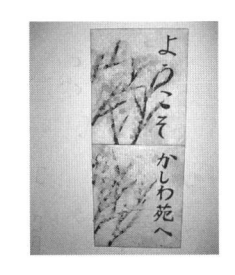

③ それぞれのベッドに1個ずつ時計を設置

　以前は、時計は入口扉の上にあるか、もしくは時計がない居室もありました。4人部屋ではカーテンで仕切ると時間の感覚がまったくもてない状態を生んでいました。そこで、時計を設置するに当たっては、文字盤が大きく、ベッドで過ごす時間の多い利用者も考慮して、臥床でも見やすい位置に設置することを心がけました。写真ではわかりづらいですが、臥床するとちょうど目線の位置に時計を設置しています。これは、自己選択の支援にもなります。時計設置後、多くのショート利用者から喜びの反響の声が寄せられています。

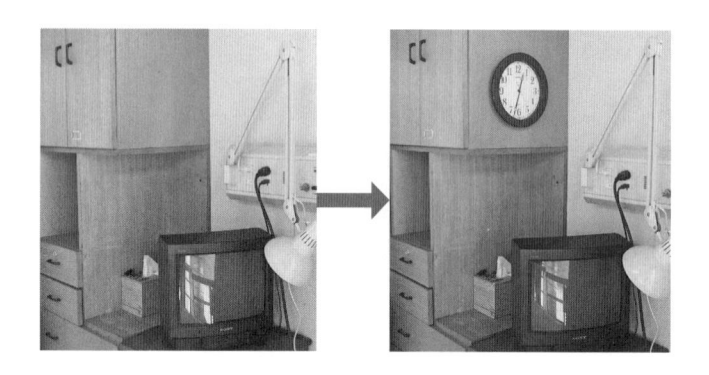

(5)ステップ5：環境を使いこなす（平成19年10月～）

　一応、今回予定していた箇所に関してはおおむね改善を終了しましたが、その後も委員会活動を通してショート居室の環境改善に継続して取り組んでいます。さらに、続いて今後の施設全体を対象とした取り組みにつなげていくことになっています。一方、生活プラン・ケアプランに反映するという意味では、それぞれの職員の意識の向上もあって、現状では改善された環境を利用して利用者とかかわりをもち、状況に合わせて使いこなしていこうとしている段階といえます。

(6)ステップ6：環境づくりの効果を確かめる

　サービス向上委員会で評価方法に関して、ショート利用者や家族に今回の改善に関してアンケートを行うことも検討しましたが、実際問題として利用期間が1週間程度と短く、アンケートの回収が難しいと考え、実施はしませんでした。ただ、多くの利用者とその家族から、ずいぶん使いやすくなったし、きれいになって気持ちがいい、また来たいとの意見が多数寄せられています。また、職員からも同じような反響を得ています。

　今回取り組んだ改善に関しては、報告書を作成して各部署に回覧することで成果報告とし、発表会等は行いませんでしたが、本来ならば質疑応答の機会を設けて、実施に対する評価を集約すべきでした。ただ、今回は試験的ミニプログラムとしてショート居室限定の取り組みであったこともあり、今後予定している新たな取り組みの課題としていきたいと考えています。

3 かしわ苑の事例の示すもの

　最後に、今回のかしわ苑の環境づくりの取り組みから、皆さんが参考にできることについて、一歩引いて少し客観的にまとめてみたいと思います。

●独力での取り組み

　今回のかしわ苑の環境づくりは独力での取り組みでしたので、情報源が限られた中、手探りですすめられてきました。当初の予想どおり、誰かに助言を求めることができず、実施過程において委員自体も戸惑う場面がありました。専門家の存在は、行き詰ったときにもう一歩踏み込む何かが得られるという点で心強いものだとわかります。また、独力だとマイペースでできる反面、検証作業・成果発表・発信などが手薄になりがちだという傾向もみられました。

●時間と資金を裁量できる環境づくりの体制

　月１日の委員会活動として環境づくりに専念してもよい時間がなければ、独力での環境づくりの推進はおぼつかなかったでしょう。環境づくりのための予算10万円も多からず少なからず適当な額でした。限られた予算で、なんとか実現するためにあれこれ職員が工夫するのが、よい結果を生むようです。取り組む人間が自由に裁量できるまとまった時間と資金を与えられることが、成功への条件だったといえます。

●はじめは小さく、成功体験を積み重ねる

　全職員の意識を一度に変えることは、かなり難しいことです。ですから、はじめは限られた人間によって、限られた場所で、試行するという選択は間違っていなかったといえます。今回は最初の一歩ですから、委員以外の職員のかかわりが弱くなってしまうのは致し方ありません。はじめは小さくとも成功体験を積み重ねることによって、関心をもつ人・取り組む場所がだんだん増えていくはずです。こんな小さなことで環境づくりといえるのかと思った方もいるでしょうが、工夫の大小ではなく、利用者の視点に立って考えることができたということが大切です。

　かしわ苑の環境づくりも３年を経て施設内では十分に認知されたということで、施設の事業計画にも盛り込まれ、今後は広く施設全体で取り組んでいけるように体制を変えていきます。時間はかかりますが、段階をおって浸透

Case 3

を図るのが、高齢者が利用する施設のリズムとしてはいいのかもしれません。

● ショートステイを取り上げること

特別養護老人ホームは入居者が多数派ですし、長い時間を過ごすので、環境づくりの主眼が置かれるのはごく自然なことです。一方、ショートは少人数ですから、ユニット化されていない施設だと今回のような小規模な試行には適当なグループといえます。もし試行がうまくいかなかった場合でも全体への影響が少ないことも利点です。

もう一つ、ショート利用者は次の入所者予備軍でもあり、期間が終われば地域に帰っていく人でもあります。施設にいい印象をもってもらえれば、また来てくれるし、地域の他の人に利用を勧めてくれるかもしれません。また、ショート利用者は、施設が施設っぽいことに最も敏感に反応する利用者でもあります。そういう意味でショートは、施設経営的にも大事で慎重な対応が求められるものだと思われます。

(古賀誉章・高橋澄一)

文献

1) 児玉桂子・足立啓・下垣光ほか編『認知症高齢者が安心できるケア環境づくり—実践に役立つ環境評価と整備手法—』彰国社、2009年

謝辞

本事例は、かしわ苑のサービス向上委員会(平成21年3月まで、高橋澄一・福島優子・山内志保・林順平)および環境検討委員会(平成21年4月より平成22年3月まで、高橋澄一・山本由香・柳下光陽・玉川奈津子)の皆さんによって計画・実行されたものです。皆さんの環境づくりへの取り組みと、執筆への協力に対して、この場を借りて感謝の意を表します。

Case 4 グループホームにおける施設環境づくり

1 グループホームのケア目標と施設環境づくり

　慣れ親しんだ家庭環境に比べて大規模で画一的になりがちな従来の施設環境とケアが、認知症高齢者に混乱や不安をもたらしているという反省を踏まえて、小規模（5〜9名）で家庭的な特徴をもつ認知症高齢者グループホームが誕生しました。

　公益社団法人日本認知症グループホーム協会は、認知症グループホームが目標とする暮らしとケアとして次の5点をあげています[1]。

① 慣れ親しんだ生活様式が守られる
② 認知障害や行動障害を補い、自然なかたちでもてる力を発揮できる
③ 少人数の中で一人ひとりが個人として理解され、受け入れられる
④ 自信と感情が生まれる
⑤ 豊かな人間関係を保ち支え合う

　これらを言い換えると、認知症グループホームには、「認知症に伴う症状の緩和」「個々人にふさわしい暮らしの尊重」「食事や買い物などの日常生活の重視」「社会的生活や活動での役割や参加」といった、従来の高齢者ケアではあまり行われてこなかった、幅の広い総合的な環境支援が求められています。

　一方、「認知症高齢者に配慮した施設環境づくり支援プログラム」の重要なツールである「認知症高齢者への環境支援指針」（PEAP日本版3）は、見当識への支援、機能的な能力への支援、環境における刺激の質と調整、生活の継続性への支援、自己選択への支援、ふれあいの促進などの8次元から構成されています。この指針は先に述べた認知症グループホームの暮らしとケアの目標を包含しており、共通性が高いといえます。したがって、「認知症高齢者への環境支援指針」を用いて環境づくりをすすめることは、認知症高齢者にふさわしい支援環境の形成に効果的であるといえます。

2 グループホーム版施設環境づくり支援プログラムの特徴

（1）グループホームでの環境づくりのねらい

●入居者、家族参加型の環境づくり

　グループホームでは、サービスの提供者と受給者という一方的な関係ではなく、利用者主体でともに生活するという視点が大切にされています。したがって、環境づくりでも、入居者や家族の参加を促進することが重要なポイントになります。

●グループホームの理念、目標の具現化

　先にあげた日本認知症グループホーム協会の暮らしとケアの目標や個々の施設が掲げる理念を、日常生活の中に実践していくことが求められています。施設環境づくり支援プログラムを活用することにより、抽象的な目標を暮らしやケアの中に具体的なかたちにしていくことが容易になります。

（2）グループホーム版施設環境づくり支援プログラムの流れ

　特別養護老人ホームなどで実施されてきた「認知症高齢者に配慮した施設環境づくり支援プログラム」を、職員数も少なく小規模なグループホームで取り組みやすいように「グループホーム版施設環境づくり支援プログラム」として以下のように簡略化を図りました。

① 講義による環境づくり研修
② 認知症高齢者への環境支援指針による環境評価
③ 環境づくりの計画作成
④ 入居者および家族による計画の評価
⑤ プログラムの実行

■5頁参照

（3）環境づくり対象施設

　日本社会事業大学下垣研究室や児玉研究室は、株式会社ウイズネットと連携して、そこが運営しているグループホームに対して「環境改善プロジェクト」の呼びかけを行い、2004（平成16）年から現在までに10事業所が取り組みを行いました。株式会社ウイズネットは、埼玉県内や東京都、神奈川県を中心に多様な高齢者事業を展開しています。ここでは、これまでのグループホームでの取り組みを踏まえながら[2]、事例としてはグループホーム「みんなの家・宮原」[3] や「みんなの家・与野大戸」を取り上げて説明をしていき

ます[注]。

3 グループホーム版による施設環境づくりの実施

(1)講義による環境づくり研修

　従来の「認知症高齢者に配慮した施設環境づくり支援プログラム」のステップ1「ケアと環境への気づきを高める」に沿った内容ですすめ、特に環境づくりは物理的な環境のみでなく、ケアやホームの運営方針も含まれ、環境づくりのゴールがケアへの意識やケアの向上にあることを強調して講義を行いました。

　各ホームの環境づくりに、グループホームで生活をする当事者が主体的にかかわっていけるように、希望する入居者には研修会への参加を促し、認知症をもつ入居者も参加して環境づくりのスタートが切られました。

(2)認知症高齢者への環境支援のための指針による環境評価

　本プログラムでは、「認知症高齢者への環境支援指針」に基づく環境づくりを基本にして、職員自身が以下の手順で自分たちのユニットの環境評価を行いました。

① 職員が気になる環境の写真を撮影する
② その写真を環境支援指針に照らし合わせて、当てはまる次元の中項目に取り上げた理由を記入する

　そのようにして行われた環境評価を表1に示しています。これまでグループホームで実施された環境評価の特徴として、場所としては、食堂、居間、浴室がよく取り上げられ、環境次元としては「自己選択への支援」や「環境における刺激の質と調整」が上位にあがっています。空間が限られたグループホームでは、取り上げられる環境も自ずから決まり、共通性が高くなると思われます。

　「自己選択への支援」の次元が問題となったのは、居場所や個人の興味に

注)「みんなの家・宮原」は2002（平成14）年、「みんなの家・与野大戸」は2003（平成15）年に開設され、いずれも3ユニットから構成されています。宮原の環境づくり時点の入居者の平均介護度は2.9でした。

Case 4

■表1　認知症高齢者への環境支援のための指針に基づく環境評価

評価場面	該当する環境支援の次元	該当する中項目	評価の具体的内容
食堂	環境における刺激の質と調整	適切な視覚的刺激の提供	食事する場所には、テーブルといすのみで、そのテーブルの上に散歩で採ってきた花がただ飾ってあるだけで殺風景
リビング	自己選択への支援	空間や居場所の選択	くつろぎコーナーにはソファーだけで、床の絨毯の上にはクッションなどもなく、座りたくなる場所がない
リビング	自己選択への支援	いすや多くの小道具の存在	ブックスタンドや棚に本や雑誌、小物がない
喫茶コーナー	機能的な能力への支援	セルフケアにおいて、入居者の自立能力を高めるための支援	飲み物を職員が希望時にそのつど入れているが、自分たちが飲みたいときに飲みたいものを飲めるようになっていない
喫茶コーナー	環境における刺激の質と調整	香りによる感性への働きかけ	カウンターには湯沸かしポットやコーヒーやお茶は置いてあるが、存在感がなく、自分で入れる人はおらず、利用しにくい
喫茶コーナー	自己選択への支援	いすや多くの小道具の存在	カウンターが物を置くためだけのものになっている
喫茶コーナー	入居者とのふれあいの促進	ふれあいと引き出す空間の提供	喫茶コーナーなどがなく、そこで集まって会話しにくい
浴室	自己選択への支援	いすや多くの小道具の存在	季節感もなく、飾りが少ないため、楽しめる雰囲気ではない

注：評価場面には、該当する写真を貼る
出典：下垣光・児玉桂子「認知症高齢者のグループホームにおける環境を活かした支援」『日本社会事業大学研究紀要』No.53、2006年、85頁の表1-1を一部修正（グループホーム「みんなの家・与野大戸」で実施）

合わせた選択の機会がまだ不足していることがあります。「環境における刺激の質と調整」への指摘は、季節感を感じる刺激やコーヒーを飲みたくなるような雰囲気など、生活環境の快適さや豊かさの不足があると思われます。グループホームの基本理念である「利用者主体」の暮らしやケアを、「認知症高齢者への環境支援指針」を用いた評価を通じて、具体化していく必要性が高いといえます。

（3）グループホームの環境に関するアンケートの実施

「みんなの家・宮原」では、認知症のある高齢者の住まいとしてグループホームの環境が活用されているのか、入居者への聞き取りと家族・職員・研修生にアンケートを行いました。表2に示すように、「施設の好きなところ」「危険に思うところ」「認知症が進んでも変わりなく生活を送るために必要な工夫」「混乱・不安を感じさせる部分」などについて、30名の意見を集

めることができました。限られたホームの空間を安全で安心して過ごせるように、またその人らしさを大切にした生活が最後まで送れるように、入居者・家族・職員がともに取り組んでいくきっかけとして、このアンケートはたいへん意味がありました。

■表2　環境づくりアンケート（主な意見）

①施設の好きな所	入居者	皆で過ごせる場がある所 手すりがあり、段差が少ない所
	家族	個室があり、緑が多い所
	職員・研修生	中庭があり、玄関周りから家庭的雰囲気である 各フロアーにホールと和室がある所
②危険に思う所	入居者	階段。耐火性は十分であるか
	家族	エレベーター使用 ホールが狭い（畳の必要性について疑問）
	職員・研修生	ホール畳の段差。浴槽の高さ。台所（対面式でない） 床の色に区分があるため、段差があるように錯覚してしまう
③認知症が進んでも変わりない生活を送るために、どのような工夫が必要か	入居者	玄関が混雑し、危険なため、広々と安全な空間であるとありがたい
	家族	夜間トイレへの誘導灯やトイレの内鍵。閉鎖感のない工夫
	職員・研修生	居室以外でくつろげるスペースづくり（和室やエレベーターホールの活用） 安心し、自由に動ける空間（目に見える工夫） 生活に安らぎと楽しさを与えるインテリア（植物、ソファー、明るさ）
④建物のどの部分が生活に役立っているか	入居者	個室で洗面ができること
	家族	個室が閉鎖されず、介護者の目が届きやすく、声などもよく聞こえる バリアフリー（段差のない所）
	職員・研修生	居室。ホール（居室から出れば誰かがいるという安心感） 台所にカウンターがある所。各居室に洗面台が付いている所
⑤混乱・不安を感じさせる部分があるか ⑥混乱・不安を感じさせる部分をどのように変えたいか	入居者	死角の部分の改善（職員がどこにいるかわからない） トイレの鍵はあったほうがよいが、わかりづらい すべての段差をなくしてほしい トイレがわかりづらく、一人で行くことができない 全体的に狭く、行動しづらい
	家族	どこにいても人の気配を感じられる工夫 ドアノブの位置が高く、扉が開けづらい 自分の居室がわかりづらい（居室ごとに戸の色を変えてわかりやすく） 下しか見ていないので足元で確認できる工夫
	職員・研修生	壁と戸の区別がわかりづらい。外が見えづらいつくり 死角になる場所（居室、トイレ、玄関） 家事に参加しやすいよう対面式キッチン お風呂が狭く暗い。自由に庭で過ごせるつくり

出典：下垣光・鍛川薫「グループホームにおける環境づくり―グループホームみんなの家・宮原での取り組み―」『地域ケアリング』Vol.11、No. 14、2009年、33頁の表1を一部修正

（4）環境づくりの計画作成

各グループホームでは環境評価の終了後、環境づくり計画書の作成を行いました。表3に示すように、計画書は、目的、具体的な作業内容、実行上の配慮、予測される効果を記入しました。「みんなの家・宮原」「みんなの家・与野大戸」をはじめ、それ以外のグループホームの計画書にも、「植物は散歩に行ったときに入居者と摘んだりする」や「プランターや鉢は入居者と一緒に用意する」といったように、日常生活の中に自然に環境づくりが取り入れられ、環境づくりがともに日常生活をつくっていく作業として意識されました。

また、この計画書とともに予算計画書も作成されました。ここには、購入予定の物品の金額とともに、自作や持ち寄る物品も記入されました。

■表3　環境づくり計画書

計画名	計画目的	具体的な作業内容	準備における工夫、実行上の配慮点	予測される具体的効果
食事コーナー	季節感があり、温かな雰囲気の食事ができるための環境づくり	ランチョンマット、箸置きをおき、テーブルには季節の植物を飾る。蛍光灯の色を変える	植物は、散歩に行ったときに入居者と摘んだりする	内でも外でも季節を感じられる
くつろぎコーナー	テレビを見たり、本を読んだり、自由に過ごせる環境づくり	ブックスタンドや棚を置く。クッションやテーブルを置く。観葉植物を置く	本類は職員が持ち寄る。小物は職員の祖母の手づくりのものを持ってくる。クッションはさまざまな形のものを準備する	居室から出てきてホールで過ごす時間が増える
喫茶コーナー	セルフサービスで自由に飲み物を飲める環境づくり	コーヒーメーカー、保温用ポットをおく。いすを置く。作品を入れる棚をつくる	いつでも飲めるようにコップやカップを常においておく。コーヒーのにおいで存在をアピールする。レクリエーションでつくった作品を飾っていく	自分たちの作品を見ながら飲みたいものを飲め、満足感と楽しみができ会話がはずむ
浴室コーナー	場所をわかりやすく、楽しい雰囲気になる環境づくり	湯ののれんを掛ける。浴室内を季節ごとに飾りつけする	飽きがこないように季節ごとに飾りつけを変える。派手になりすぎないように注意する	入浴拒否が緩和される

出典：下垣光・児玉桂子「認知症高齢者のグループホームにおける環境を活かした支援」『日本社会事業大学研究紀要』No.53、2006年、89頁の表2-1（グループホーム「みんなの家・与野大戸」で実施）

(5) 入居者および家族による計画の評価

　入居者には計画をすすめていく中で、「ここはどうしたらいいですか」というように意見を聞き、計画に反映していきました。家族に対しては、家族会のなかで説明を行い意見を求めました。例えばアンケートを行った「みんなの家・宮原」では、報告の中に入居者自らの声をイラストにして、家族会で報告しました。「家族が来たらここで過ごしたい」「食事の盛り付けはまかせて！」「静かにクラシックを聴きたい」等の声は、もう何もできなくなってしまったと諦めていた家族に対して、認知症への見方を変えるきっかけになりました。環境づくりを通じて、入居者・家族・職員がグループホームの暮らしとケアに共通の意識をもって取り組めるように確実にすすんでいきました。

(6) 環境づくりプログラムの実行と環境づくりの効果

　環境づくりの内容は、整理整頓（写真）、家具の配置換え、物品の購入、家庭からの持ち寄り、手づくりなど、工夫でできるレベルの環境づくりが行われました。衝立やベランダの台、掲示板の作成など多くの場面で、入居者とともにつくり上げる喜びを体験しました。

　環境づくりにより、「居場所が増えて入居者が居場所を選択することができるようになった」「食事の際にランチョンマットを用意するなど役割が生まれた（写真）」「メニューや掲示物の作成を入居者が行うようになった（写真）」「レクリエーションの成果物をインテリアに活かすようになった」「室内に飾る花を育てたり、買いに行くことがアクティビティとなった」など、これまで活用される機会が少なかった認知症高齢者の力を発揮する場面が多く誕生しました。

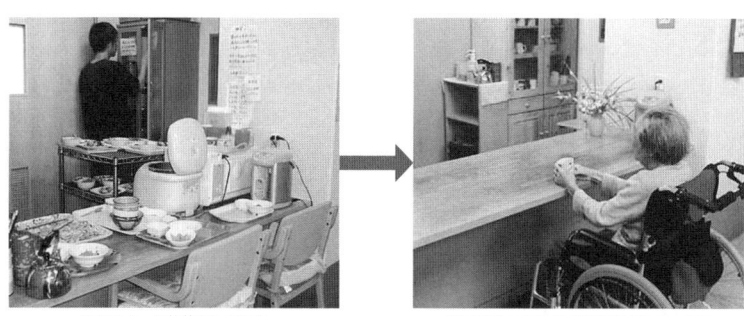

カウンターが雑然としていた　→　片づけることにより利用者のスペースに

Case4　グループホームにおける施設環境づくり

Case 4

テーブルといすだけの殺風景な食事空間  → 小道具を使い温かな雰囲気を演出、入居者も参加

利用者の手でお品書きがつくられる

4 まとめ

　環境づくりに取り組んだグループホームに対して、「開所間もなくでそんな余裕があるのか」といった声や「環境づくりをしたら日常のケアがおろそかになるのでは」と懸念する声もありました。しかし、「認知症高齢者への環境支援指針」に基づく環境づくりは、利用者主体の暮らしとケアを目指すグループホームの目標と合致しており、環境づくりを入り口として、グループホームの理念の具現化を図るうえで大変有効だといえます。特に開所間もないグループホームにとっては、職員がグループホームの暮らしやケアのあり方を具体的に習得する貴重な機会となりました。

　グループホームでの環境づくりでは、入居者や家族に丁寧に説明を行い、その意見を取り入れ、ともに暮らしやケアをつくり上げていく意識を共有することにより、環境づくりが活かされ、成功するといえます。

（下垣光・鍛川薫・児玉桂子）

文献
1）日本認知症グループホーム協会「グループホームとは」http://ghkyo.or.jp/（2010年5月1日）
2）下垣光・児玉桂子「認知症高齢者のグループホームにおける環境を活かした支援」『日本社会事業大学研究紀要』No.53、2006年、79〜91頁
3）下垣光・鍛川薫「グループホームにおける環境づくり―グループホームみんなの家・宮原での取り組み―」『地域ケアリング』Vol.11、No.14、2009年、30〜36頁

Case 5 認知症対応型デイサービスにおける環境づくり

1 施設の特徴とすすめ方

(1) 施設の特徴

「湧泉の郷」は地域密着型の認知症通所介護で、特別養護老人ホームなどがある建物の3階にあります。1日の定員12名に対し、2名の職員が配置されています。認知症や精神疾患により、個別のケアが求められる利用者が通所しています。

落ち着いた雰囲気や小さな集団での活動を好む利用者も多く、日中は簡単な作業や好みの活動を行って過ごしています。利用者によっては、認知症の行動・心理症状として「早く帰りたい」と不安を訴える方、イライラや混乱がみられ攻撃的な方などさまざまです。こうした利用者へ個別のケアを行っています。

(2) 環境づくりのすすめ方

認知症の利用者が落ち着いて過ごせる空間を目指し、普段利用者が過ごす「湧泉ルーム」の環境の見直しに取り組みました。同じ法人の特別養護老人ホームでの環境づくりの取り組みで使用された「認知症高齢者への環境支援指針」(PEAP日本版3)の暮らしを大切にする視点に共感を覚えて、「認知症高齢者に配慮した施設環境づくり支援プログラム」の6ステップに沿って取り組むことにしました。

■99頁参照

毎月1回の一般デイサービスと合同の職員会議で話し合い、担当の介護職員と相談員が中心となり、2009(平成21)年4~10月の期間に環境の改善を行いました。6ステップの環境づくりについて、キャプション評価は行いましたが各種環境づくりシートは使用せずに、小規模な施設の事情を考慮してプログラムを工夫して取り組みました。

2 6ステップの取り組み内容

(1) ステップ1:ケアと環境への気づきを高める

認知症ケアと環境の理解を深めるために、PEAPの勉強とともに、利用者の生活歴や好きなことなどの情報を送迎の際に家族から聞き、環境づくりに

活かせるような情報をピックアップしました。例えば、若い頃から植木が好きだったという情報や、帰宅後にはソファーに座ってお婿さんとお茶を飲むと落ち着くといった情報は、環境づくりやその後のケアプランに反映させました。

(2)ステップ2：環境課題をとらえて、目標を定める

湧泉ルームを写真に撮りましたが、キャプションの内容は次のように荷物が多く雑然としていることに集中していました。

① 不用な荷物が多い

デイサービスでは小道具が多く乱雑になりがちですが、特にソファーの奥に普段あまり使用しない荷物が多く積まれた状態でした。このため、ソファーに座ってテレビを見ていても、奥の荷物を取りに来る職員の出入りが気になりました。また、不用な荷物も多く、整理されていないため、湧泉ルームが狭く雑然としていました。この中で個別ケアを行っても、集団の中から離れることができず、落ち着かない要素の一つになっていました。

不用な荷物によりスペースが狭く、乱雑に

② 施設的・業務的な物が多い

使用しない車いすがそのまま放置されるなど、施設的・業務的な物が多く、利用者目線での安心できる環境とはいえませんでした。

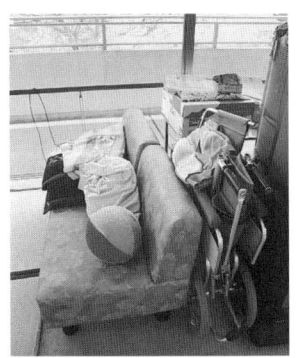

③ 窓際の棚に物が積み上げられている

窓台の上に高い棚があり、そこに作品などの荷物が積まれていました。何気なく行っていたことも、転落してきたときのことを思えばよい環境とはいえない状態でした。また、棚の中も整理整頓が行き届いておらず、無駄な空間だったことがわかりました。

施設的・業務的な物が置かれている

以上のような箇所を職員同士であげ、現状で落ち着けない要因となっているものは何かを話し合ったところ、次の要因があがりました。

Case 5

・不用な荷物が空間を占拠している。
・テレビやブザーなどの賑やかすぎる音が多い。
・隣室のケアステーションの職員同士の会話の声がやかましいことがある。
・施設的な雰囲気。
・奥の荷物を取り出しにくる職員の出入りなどの視覚的な刺激が多い。
・利用者が自由に楽しめる物がない。

　これらをPEAPの視点からみると、見当識への支援、環境における刺激の質と調整、安全と安心への支援、生活の継続性への支援、自己選択への支援、ふれあいの促進などの多くの次元において、認知症高齢者にはふさわしくない状況であることがわかりました。

(3) ステップ3：環境づくりの計画を立てる

　あがった要因を改善するための計画の立案を行いました。
・パーティションで仕切って集団から離れ、個別ケアが可能な空間をつくる。
・畳やコタツなど家庭的な雰囲気にする。
・自由な活動が行える場所などを提供する。
・多くの利用者が安らげるスペースをつくる。
などの意見が出て、「みんながほっとできる団欒の場」をテーマに環境づくりに実際に取り組みました。

(4) ステップ4：環境づくりを実施する

　ステップ3で立てた環境づくりの計画について、今回は、すぐに改善する必要があるもの、費用や時間をかけずに少しずつできることを実施しました。まず、不用な荷物の処理や整理を行い、新たなスペースを設け、業務的・施設的な物を湧泉ルームから撤去して、立案された空間づくりを行いました。利用者の帰宅後に環境改善を行い、翌日に実際に利用者に試してもらい、その場で利用者の意見を聞いて直す…といったように利用者と一緒に考えて行うこともありました。

(5) ステップ5：新しい環境を暮らしとケアに活かす

　改善した環境を実際に使用して、利用者の意見を聞きながら検討を加えました。
・湧泉ルーム奥のスペースは、不用な物を処分し、ルームの出入り口に背を

向けて座れるようにソファーを配置しました（写真）。
- 落ち着いてテレビを見たり、ゆっくりと過ごしたりできるように工夫しました。午後になると落ち着かなくなる利用者も、このソファーに座って、地元出身の送迎の運転手が話し相手をすると、家庭にいるときのように落ち着くことがわかり、これがケアプランに取り入れられました。

くつろげる空間に生まれ変わる

- ふれあいを促進するために、あまり大き過ぎない空間にしました。
- 左側に畳を敷き、右側にはソファーベッドを置いて、利用者の気分や体調に合わせて使用できるようにしました。
- 窓際の高い棚はなくし、利用者の手が届くところに植木や本などの好みの物を配置して楽しんでもらえるようにしました。昔から植木が好きな利用者の場合には、プランターに職員と一緒に草花を植えて、その世話をケアプランに入れました。
- 以前から置かれていたピアノを楽しむ余裕が生まれ、得意な職員が演奏をして、みんなで楽しむようになりました。

　また、利用者に意見を聞きながら、自由に好きな活動を行えるようにしました。

（6）ステップ6：環境づくりを振り返る

　改善した環境について、担当職員と一般デイサービスの職員が過ごしてみて評価を行ったところ、次のようなものがあがりました。
- 不適切な刺激が少なくなったことにより、以前より落ち着いて過ごす利用者が増えました。
- 利用者同士の会話が増えました。快適になった空間で静かに過ごすことを好み、昼休みに一般のデイサービスから訪問する利用者も出てきました。
- ソファーに利用者と一緒に座ってゆっくりと話せる場となり、より身近なケアが行えるようになりました（写真）。
- 利用者のADLや希望に合わせ、2つのプログラムが行えるようになりました（写真）。

Case 5

身近なケアが可能に　　　　　　　　　　２つの活動が可能に

- 一方で、いすの位置が変わったことなど環境の変化に戸惑う利用者もいました。

　これらをPEAPの視点で評価をすると、見当識への支援、環境における刺激の質と調整、安全と安心、生活の継続性、自己選択への支援、ふれあいの促進といった多くの次元において、認知症高齢者にふさわしい環境へと改善されたことがわかりました。

3 今後に向けて

　今後の課題としては、新しいスペースが増えたことで、より安全確保が必要となり、また個別ケアの質の向上が求められるようになったと思います。今回は実施できなかったこととして、イライラや混乱がみられる利用者に1対1で対応できるスペースの確保などがあげられます。また、リハビリテーションを行う隣室の賑やかな音は防ぐすべがなく、静かな環境を確保するのが難しいときもあります。

　利用者の中には、月曜から土曜日までここで過し、自宅よりこちらにいるほうが長い利用者もいます。さらに改善された環境を活かし、よりよい認知症ケアを行い、ケアの質の向上を目指していきたいと思います。また、これからも環境の見直しを定期的に実施していくことで利用者のニーズに応えていきたいと思います。

（村岡亜衣・宮川利恵）

Case 6 老健施設における施設環境づくり

1 老健施設と環境づくり

●老健施設での環境づくりのイメージ

　介護老人保健施設（以下、老健施設）では環境づくりが難しいというイメージがあります。それには、老健施設が在宅復帰を目的に一時的に滞在する施設としての意味あいが強く利用者の生活像がつかみにくいことや、医療と介護の両側面から利用者を支えるため、職種が多く、職種間の環境づくりに対する姿勢に違いが生じやすいといった理由が考えられます。しかし、たとえ短い期間であっても、利用者が朝起きて、3回の食事を摂り、夜眠るという生活が繰り返される以上、施設環境は生活の場として充実していなければなりません。

　ケアサポート新茶屋は積極的に環境づくりに取り組んでいる数少ない老健施設の一つです。この事例から、ケア環境の中でも特に運営的環境の仕組みに着目して、環境づくりとの関係について考えたいと思います。

●ケアサポート新茶屋の概要

　ケアサポート新茶屋は名古屋市港区にあり、1997（平成9）年4月に開設された老健施設です。4階建てで、1階はデイケア、2階は認知症専門、3・4階は一般フロアとなっています。ショートステイを含んだ入所定員は100名で、そのうち認知症フロアの定員は35名です。認知症フロアには約18名の職員が勤務しており、職種割合は介護職員が約8割、看護職員が約2割となっています。

●環境づくりのはじまり

　「無機質な空間で、この施設は本当に生活の場であるのか」という職員の疑問が環境づくりのきっかけでした。平成16年度にユニットケアへの取り組みの一環として、環境づくりが初めて行われました。具体的には、認知症フロアの35名を、職員が5～6名ずつ配置された、15名、10名、10名の3ユニットに区切り、自分自身にとっても暮らしやすい環境をスローガンに掲げ、いろいろな家具や小物を購入し、殺風景な環境を改善していきました。次年度からは、この活動が全フロアに広がりました。また、取り組む過程で「認知症高齢者への環境支援指針」（PEAP日本版3）を知り、平成17年度からはPEAPで提案されているすすめ方を取り入れた環境づくりを実践しています。

Case 6

2 環境づくりを成功させるためのポイント

●環境づくりを促すための介護課長システム

　ケアサポート新茶屋では、毎年度、環境づくりを行うなかで、職員が環境づくりに取り組みやすい運営的サポートについて考えてきました。フロアにいるすべての職員が現場と向き合う体制を取っていたので、次々に起こる問題に対応することで精一杯になり、その中で環境づくりにも取り組むと普段の生活でも利用者との関係がぎこちなくなるなど無理が生じていたからです。

　それに対する一つの答えとして平成18年度から介護課長システムを採用しました。ポストを追加するため人件費が増えますが、フロアごとに介護課長を1名配置しています。介護課長は職員の勤務体制などを決められるなど、現場の状況を客観的にマネジメントします。そのため、介護のスペシャリストとしてはもちろんのこと、ジェネラリストとしての素質が備わっている必要があります。

　介護課長がいることで、図1のように、現場の職員が環境づくりへ参加する

■図1　介護課長を配した職員体制

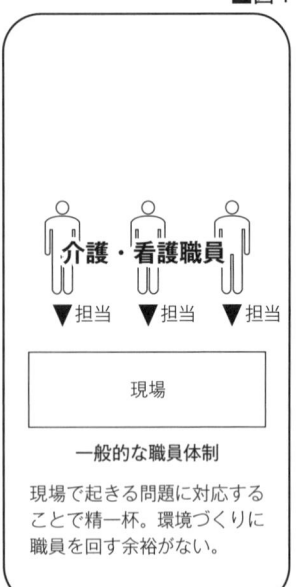

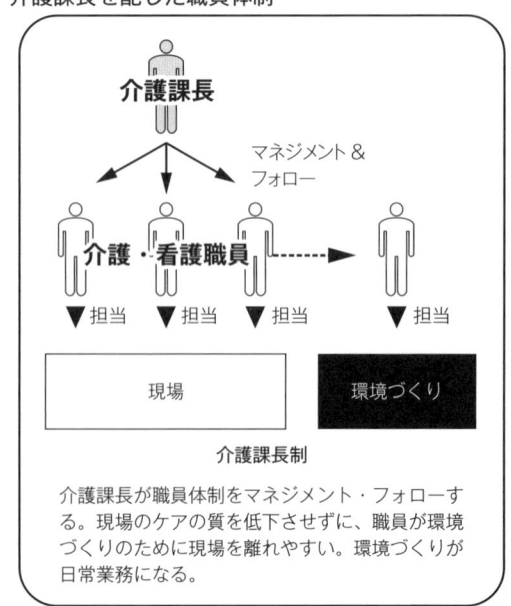

【一般的な職員体制】
介護・看護職員 → 担当 → 現場
現場で起きる問題に対応することで精一杯。環境づくりに職員を回す余裕がない。

【介護課長制】
介護課長 → マネジメント＆フォロー → 介護・看護職員 → 担当 → 現場／環境づくり
介護課長が職員体制をマネジメント・フォローする。現場のケアの質を低下させずに、職員が環境づくりのために現場を離れやすい。環境づくりが日常業務になる。

時間を確保できます。環境づくりの会議や物品の買い出しなどで現場を抜けるときに、職員配置の調整やフォローができるからです。したがって、現場を慌ただしい雰囲気にせず、日常業務として環境づくりを位置づけられます。

また、介護課長は環境づくりに関する年間スケジュールをフロアの状況に合わせて計画します。これにより、新人研修でのPEAPの説明や勉強会の開催などを通して、環境づくりを理解し、実践できる人材をしっかりと育てることができます。

● 現場にある予算の決裁権

環境づくりで運営的に重要なのはやはり予算です。予算額もありますが、予算がどのように配分され、決裁権がどこにあるのかも環境づくりをすすめるうえで大切です。ケアサポート新茶屋では、フロアごとに150万円程度の環境づくりの年度予算が組まれており、1万円以内ならば課長レベルで決裁できます。環境のちょっとしたアクセントになる小物類は、事務の判断を待つことなく、購入し設えることができます。また、高額のものでも起案し購入理由が明確であれば、ほとんどのケースで予算がおります。

この予算の仕組みによりフロアの独立性は高まり、職員は自分が選んだ物を使って環境づくりができるため、現場への愛着と責任をもちやすくなります。そして自分が設えた環境が、利用者の生活にどのように役立っているのかを注意深く観察することで、その背後にあるケアの仕方まで考えを巡らしやすくなります。

● 「事前事後シート」による環境づくりデータベース

ケアサポート新茶屋での環境づくりは、基本的に「認知症高齢者に配慮した施設環境づくりプログラム」のステップに沿って行われます。キャプション評価による環境改善が必要な箇所の洗い出しからはじまります。これは日常的に行われており、1フロアで年間約20枚程度の評価表が作成されます。

キャプション評価であがった項目は、まずユニットごとに月1回開かれるグループ会議で検討されます。その結果は、ユニットリーダーが集まるフロア会議において発表されます。フロア全体で環境づくりの情報を共有することで、ユニットごとに競い合いながらも、成果や失敗を教え合い協力できる体制を整えています。

次に実践項目を環境づくりの規模に応じて3段階に分けます。専門業者に

Case 6

依頼するもの、自分たちで行うもの、そしてそれらの中間的規模の、営繕課職員や日曜大工を得意とする地域ボランティアの力を借りるものです（図2）。実践はできるかぎり手作りで行うことを心がけています。施設内外のさまざまな人との連携が生まれ、新たな協働へと発展すると考えているからです。

実践した後は、項目ごとに、いつ、誰が、どのような理由で環境づくりを行ったのかを、図3のような「事前事後シート」に記入し、データベース化しています。シート数はこれまで施設全体で100枚以上に上ります。この記

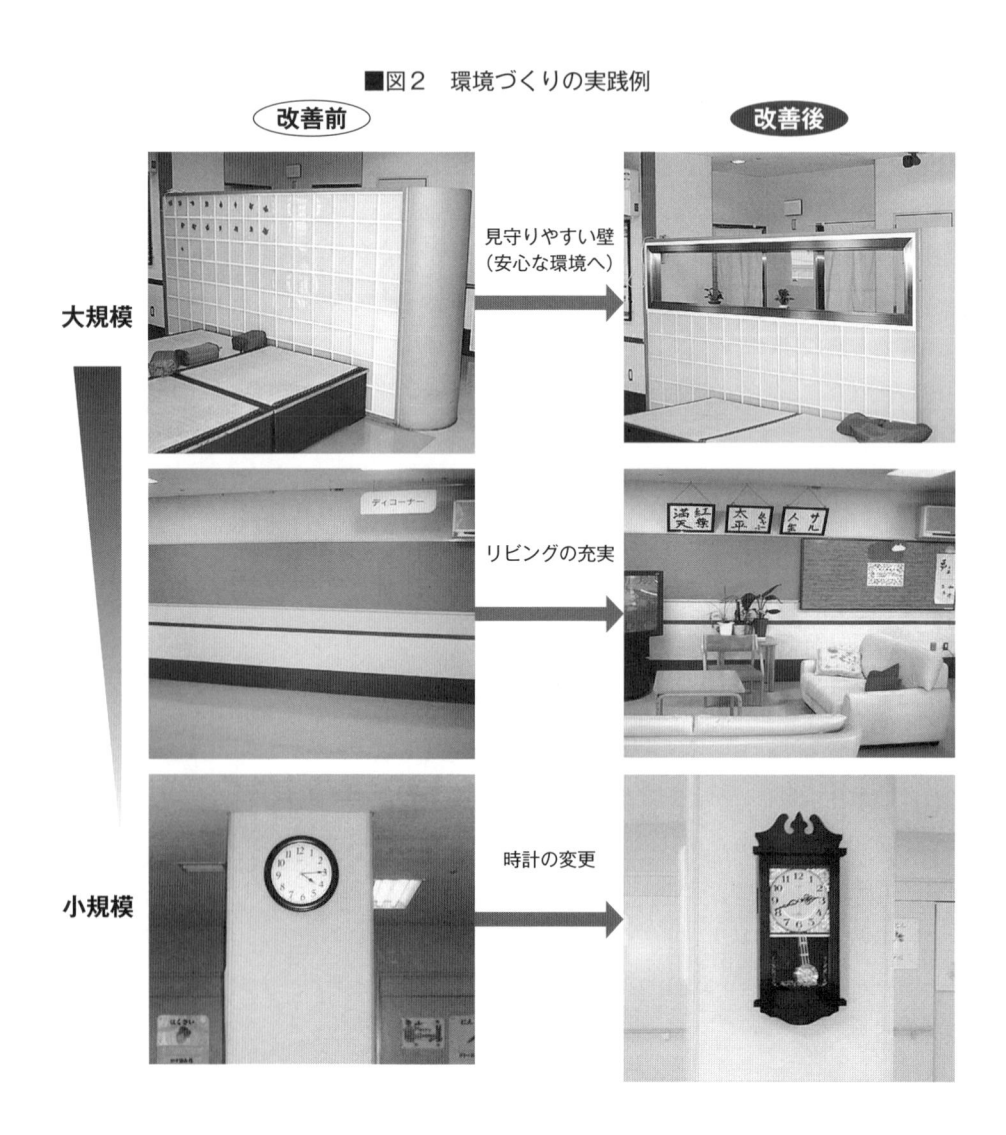

■図2　環境づくりの実践例

改善前　　　　　　　　　　　　　改善後

大規模　　　　　見守りやすい壁
　　　　　　　　（安心な環境へ）

　　　　　　　　リビングの充実

小規模　　　　　時計の変更

■図3　事前事後シート

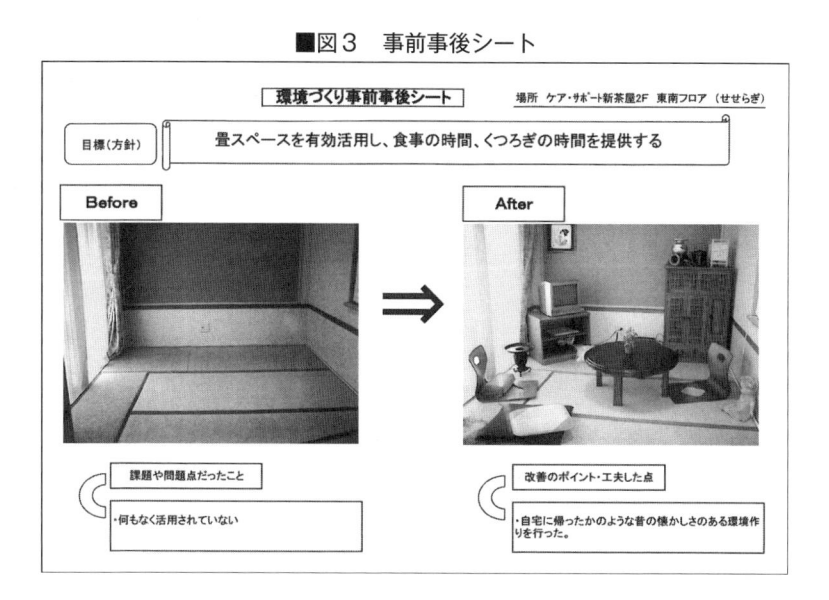

録があることで、担当が変わっても引き継ぎがスムーズになります。つまり、新しく入った職員がこれまでの環境づくりのコンセプトが理解できず、後戻りや白紙撤回になるケースを避けることができます。現在の老健施設では職員の離職が多く、一方で、利用者の入所日数は長くなる傾向にあります。その中でこのデータベースは、生活の継続性を支える施設環境を計画する際の貴重な資源といえ、この作成ができるのも、介護課長がいることにより日常業務としての環境づくりが徹底されていることが影響しているのだと思います。

●運営的環境の大切さ

ケアサポート新茶屋では、事務職と現場職員の間に介護課長というポジションを配することで、環境づくりを日常業務に入れ込むことに成功し、その結果、職員の環境づくりへの積極的な参加を促すといった社会的環境の向上や、環境づくりデータベースに基づいた物理的環境の着実な改善の継続につながっています。このように運営的環境にも配慮することで、施設環境づくりへの全体的な取り組みをより支援することができると考えます。

（加藤悠介・万澤真治）

Case 7 老人性認知症疾患治療病棟における環境づくり

　老人性認知症疾患治療病棟とは、大声や興奮、妄想、抑うつなどの精神症状が著しいため介護が特に困難な認知症患者に対して、集中的な治療を行う精神科病棟です。この病棟では一般的に薬物療法を主体とした治療が行われ、精神症状が落ち着き次第、自宅や福祉施設などに退院することになります。治療は短期間で行うことが求められており、「生活の場」や「終の棲家」としての機能は本来ありません。そのため、環境に対する取り組みは、これまで積極的に行われてきませんでした。

　著しい精神症状を示す認知症患者が生活空間に一人でもいると、周囲の患者に悪い影響を及ぼしかねません。しかし、この病棟にはそのような患者が集中的に集まっているため、患者同士が悪影響を及ぼし合うリスクも高く、対応もより困難になります。認知症患者の精神症状は環境と密接に関係していますから、むしろこのような病棟こそ、それぞれの患者にふさわしい環境を提供する必要性は高いと考えられます。

1 病棟の特徴

　ここで紹介する病棟は40床の精神科の閉鎖病棟で、回廊式廊下を有する従来型施設の構造をしています（図1）。

　この病棟は、地域で高齢者のための中心的・専門的な医療を提供する目的で設立された総合病院にあります。そのため、必要に応じて高度な身体的治療も行うことができ、点滴などの処置が行われる機会も多いのが特徴です。

　また、この病棟にはさまざまな専門職がかかわり、カンファレンスなども積極的に行われています（図2）。

2 取り組みの概要

●取り組みの経過

　この病棟の患者はもともと、日中のほとんどの時間を生活機能回復訓練室（デイルーム）で過ごし、決められた日課に沿って集団的に行動していまし

た。また、症状の重篤な患者には身体拘束が用いられることもありました。しかし、身体拘束などの行動制限をできるだけ少なくする努力は必要であり、ある年の４月、この病棟の看護師長・主任を中心に看護体制の見直しが検討されました。

■図１　病棟の見取り図

注：WCはトイレ

■図２　病棟にかかわる専門職

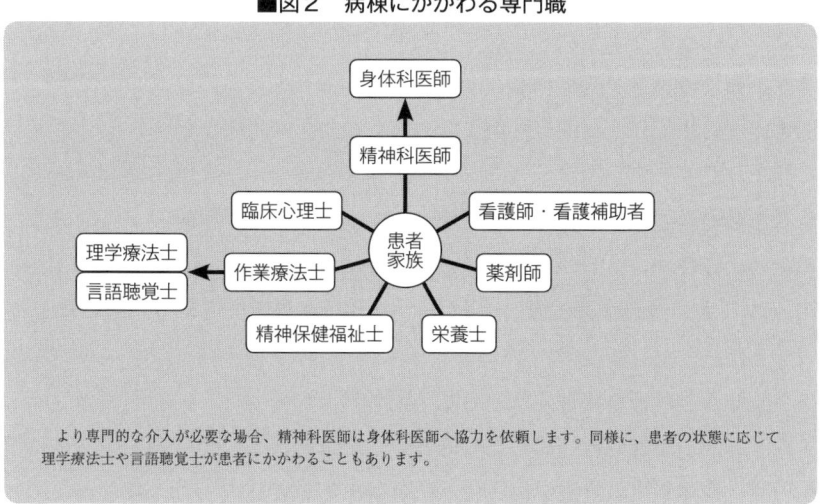

より専門的な介入が必要な場合、精神科医師は身体科医師へ協力を依頼します。同様に、患者の状態に応じて理学療法士や言語聴覚士が患者にかかわることもあります。

Case 7

　8月、ユニットケアを参考にした取り組みを行うことを決定し、具体的な計画が立てられました。同じ頃より、臨床心理士や精神科医も話し合いに参加し、それぞれの専門的知識から、認知症患者にとってのよりよい環境に関するアイディアが出されました。9月には、病院内全体の看護を管理する責任者に相談するとともに、話し合いに直接参加していなかった病棟の看護師、他職種の職員、患者・家族などへの勉強会や説明を随時行っていきました。

　10月から12月までは、月に3日間だけユニットケアを試行し、反省点を検討・改善していきました。これによって、勉強会ではイメージがつかみにくかった職員も、今回の取り組みの利点や問題点を明確にしやすくなったと思います。

　翌年1月に最終的な準備をすすめ、2月には精神科科長より取り組みを行うことが許可されました。

●取り組みの具体的内容

　回廊式廊下に使われていなかった空間が2か所あり、そこを中心に2つのユニットを設けました（図1）。ユニットには、テーブル、ソファー、畳、掃除用具などの家庭的な物品のほか、テレビ、娯楽用品、生花などを置きました。カレンダーや時計、場所を示すマークなども積極的に設置し、見当識障害に対する支援も目指しました。

　ユニットは回廊式廊下の一部であるため、ユニットを一つの空間と感じてもらうための仕切りが必要になりました。しかし、病棟の性質上、安全管理は非常に重要であり、職員の視界が遮られることは望ましくありません。そこで、移動・開閉可能な間仕切りや、腰くらいまでの高さのタンス・棚などを利用することにしました。

　また、40名の患者を2つのユニットに分けるだけでなく、さまざまな状態の患者に対応するために、各ユニットの患者を状態像ごとに3グループに分類しました。グループごとに専門の看護師が担当し、それぞれのニーズに沿った介入を行いました。

・急性期グループ：認知機能障害や精神症状の著しい患者
・症状安定グループ：急性期を脱し、症状が比較的安定した患者
・身体合併症グループ：身体疾患の治療を優先する必要がある患者

また、今回の取り組みは多くの点で「認知症高齢者への環境支援指針」（PEAP日本版3）を参考にしましたが、精神科閉鎖病棟であるという特徴から、ある程度、独自に工夫する必要もありました。例えば、回廊式廊下の構造自体を変えることはできませんし、消防法などにも留意しなければなりませんでした。また、医療器具の取り扱いや身体合併症グループへの配慮なども必要でした。

●取り組みによるさまざまな変化

　取り組みの前後に、患者の行動の観察や職員のストレス調査を行いました。その結果、患者は以前、多くの時間を何もしないで過ごしていたのですが、取り組みによって会話や何らかの手作業をしている時間が多くなりました。職員のストレスの管理は、環境づくりを行う部署の責任者にとって非常に重要な側面だと思います。例えば、患者中心のケアが実現できることは、職員のストレスの減少にもつながるようです。また、職員の声を重視してボトムアップ的に取り組みを行うことや、職員が変化に適応するのを見守る姿勢も、責任者には必要かもしれません。この結果や考察の詳細は、渡邉啓子らの報告[1]を参考にしてください。

　環境自体の評価は、「PEAP日本版3」を参考にチェックしました。その結果、環境改善の取り組みを行う前には、中項目のうち安全面に関する項目は良好でしたが、それ以外はほとんど達成できていませんでした。しかし、取り組み後には、時間・空間の認知に対する支援や、セルフケアの自立能力を高めるための支援、ふれあいのきっかけとなる小道具の提供をはじめ、多くの中項目で高い評価を得ることができました。

　小項目でも、認知機能障害の支援に関する項目、コミュニケーションや意欲・自発性などへの支援に関する項目で改善が認められました。また、自由な生活の提供、行動制限の最小化に関する項目にも改善が認められました。しかし、精神科閉鎖病棟の性質上、居室での選択の余地、居室におけるプライバシーの確保、食事の献立を自由に選択するなどは十分には達成できませんでした。

　環境の評価は、「PEAP日本版3」のほか、会議による職員同士の意見交換でもなされました。ここでは、今回の取り組みによって、「患者と会話をする機会が増えた」「患者に対して待っていてくださいと言う頻度が少なく

なった」「監視をするという意識が減り、自然に見守れるようになった」「徘徊などがあっても問題になりにくくなった」など患者に対する職員の意識や態度の変化を示唆する意見や、「はじめは何となく反対だったが、実際に変化を感じて環境の大切さがわかった」などの生活環境への意識の変化に関する意見、「患者の表情が豊かになった」「不穏や大声が少なくなった」など患者の変化に関する意見などがあがりました。また、生活に関する物品が増加したことをよいとする意見があった一方で、ゴチャゴチャしていていやだという意見があがるなど、同じ側面に対して職員によって評価が食い違うこともありました。

3 まとめ

　ここで紹介した病棟の性質上、はじめはユニットケアを参考にした環境改善の取り組みは困難だろうという意見が多くありました。しかし、いくつかの限界はあったものの、実際には多くの面で改善が認められました。それは、物理的環境だけでなく、取り組みに直接かかわらなかった職員も洗濯やおやつの準備、ラジオ体操などの日課を自発的に患者と一緒に行うようになったなど、人的側面の環境改善にも認められました。

　望ましい生活環境の好みは患者や職員によってさまざまです。そのため、従来の大規模な集団よりも小規模な集団のほうが、各自の好みが反映されやすくなると思います。特にここで紹介した病棟のように入院期間が短く患者が頻繁に入れ替わるような施設では、これまでの決まった画一的な環境を維持するよりも、それぞれの患者の状態やニーズを見極めて、柔軟に変化させていくことが必要です。つまり、環境づくりにはゴールはなく、日々、改善していく姿勢が重要だと思います。

（村山憲男）

文献
1）渡邉啓子・村山憲男・松尾絵美・八木範子・田道智治「既存の老人性認知症疾患治療病棟へのユニットケア方式導入による看護師と看護補助者のストレスの変化」『日本認知症ケア学会誌』Vol.7、No.1、2008年、107～118頁

Case 8　重度認知症高齢者への環境づくり

1　はじめに

　重症度の高い認知症高齢者はコミュニケーションをとることが難しくなるため、ケアを提供した経験のある人なら、一度は「何をどうして欲しいのかわからない」「援助しても手応えがない」と思った経験があるのではないでしょうか。生活環境は認知症高齢者の心理・行動障害（BPSD）の原因にもなるといわれており、重症度の高い認知症高齢者だからこそ、混乱や不安を取り除き、残存機能を引き出すための支援として重要と考えます。

　そこで、介護老人保健施設に入所中の重症度の高い認知症高齢者を対象に、言葉だけでなく高齢者の表情や行動の観察結果を根拠に「認知症高齢者への環境支援指針」（PEAP日本版3）に従って環境支援（調整）を行ったところ、心理・行動障害が減少し、表情が豊かになるなどの改善がみられた

■表1　事例の概要

		事例A	事例B	事例C
年齢		93歳	86歳	78歳
疾患		老人性認知症　脳梗塞後遺症　心疾患	老人性認知症　多発性脳梗塞	老人性認知症　多発性脳梗塞　心疾患　高血圧
今回入所までの経過		8年前に脳梗塞罹患後、認知症状が出現。ショートステイの利用を経て、入退所を繰り返す。今回入所から4か月	6年前に多発性脳梗塞罹患後、認知症状が出現。3年前に配偶者が死亡した頃から認知症状が重症化。今回入所から6か月	約1年前に脳梗塞罹患後、左側空間失認、左側不全麻痺、認知症状が出現。今回入所から9か月
NMスケール		4点	17点	13点
N-ADL		7点	21点	17点
生活行動	移乗移動	全介助	立ち上がり動作は可能。歩行は不安定で支持が必要	全介助
生活行動	食事	ほぼ全介助	配膳すると自力摂取可能。食事を中断するため部分介助が必要	配膳すると自力摂取は可能。左側空間失認があるため部分介助が必要
生活行動	排泄	おむつを使用。時間誘導で排泄援助を行うが、常時失禁。	おむつを使用。時間誘導で排泄援助	夜間のみおむつを使用。時間誘導で排泄。時々失禁する
生活行動	清潔更衣	全介助	不十分で介助が必要	不十分で介助が必要
生活行動	主な居場所	ユニット内の共用スペース	ユニット内の共用スペース	ユニット内の共用スペース
過去の役割等		家事	家業（下駄屋）の手伝い、家事	家業（銭湯）の経営、家事

Case 8

ことから、PEAPは重症度の高い認知症高齢者にも効果のある指針であることがわかりました。ここでは、その事例をあげて具体的な支援とその効果を紹介します。

2 事例の紹介

(1) 事例A

　Aさんは93歳の重度認知症の女性高齢者。日常生活は全介助。援助者が言葉をかけても反応のないことが多く、車いすに座る姿勢が崩れるため（イラスト）、転落の危険性を理由に車いす用拘束ベルトを使用していました。

　表2のとおり、Aさんの観察結果をPEAPの次元に当てはめ、支援する内容を考えました。「環境における刺激の質と調整」の次元では、音楽などには反応がなく、直接的にかかわる援助者の言葉にのみ応答することがあったことから、Aさんにとっての意味のある良質な刺激は援助者の個別的な関与であると考え、その機会を増やすことにしました。「安全と安心への支援」の次元では、車いすを自力で操作することはなく、見守りやすい場所にはいましたが、普通型車いすを使用し、お尻が前に滑り出したような滑り座り（ずっこけ座り）で体は左右いずれかに傾いていました。また、これまで援

助者も気づかなかった足踏みや体を前後に倒す行動と、不快感や痛みを訴えるような表情が観察されたことから、車いす座位による褥瘡や転落等の危険性が考えられました。そのため、褥瘡予防を目的とする車いす用クッションを使用し、座位姿勢を修正することにしました。「自己選択への支援」の次元では、「安全と安心への支援」の次元で説明したような行動や表情に加えて、まれに援助者に伝える言葉は疲労を訴えるものでした。Aさんは日中の生活時間のほとんどを車いすに座った状態で過ごしており、長時間座位による苦痛があると考え、1日のスケジュールの中で臥床による休養時間を設けることにしました。

Aさんに PEAP によって導き出した支援を行ったところ、姿勢の傾きは軽減し、足踏みや体を前後に倒す行動が減少しました。また、不快感や痛みを訴えるような表情が減少し、喜びの表情がみられるようになりました。例えば、援助者が「どんな食べ物が好きですか」と尋ねると「何でも好き」と応答し、援助者が「いっぱい食べようね」と言うと、喜びの表情とともに「へえ、ありがとう」など、意味ある会話が可能になりました。また、食事は自力摂取が可能になり、「おしっこ出たい」と言葉はややおかしいながらも尿意も訴えるようになりました。人形がかぶっていた帽子を援助者が渡したところ、帽子と認識してそれを自らかぶり、援助者の「かわいい」の賞賛に照

■表2　Aさんの観察結果と援助

PEAPの次元	観察結果	援助
環境における刺激の質と調整	・音楽やテレビなどに関する反応は観察されなかった ・援助者の言葉には、時に応答が観察された	・援助者が個別的、積極的に関与する
安全と安心への支援	・見守りやすい場所にいる。普通型車いすを使用 ・滑り座りや体の傾き、足踏みや体を前後に倒す行動、不快感や痛みを訴えるような表情が観察された	・褥瘡予防の車いす用クッションを使用する。姿勢を修正する
自己選択への支援	・居場所などを選択する発話はない ・日中は車いす座位。足踏みや体を前後に倒す行動、不快感や痛みを訴えるような表情とともに疲労を訴える言葉が観察された。臥床休養した後ではこれらが観察されなかった	・休養時間を設定する

注：観察結果の得られた次元のみ表記

れ笑いをみせるようになりました（イラスト）。

　Aさんは、自らの欲求を訴えることのない自発性の低下した高齢者とみられていましたが、「安全と安心への支援」や「自己選択への支援」などを行うことで安全で安楽な状態になり、さらに食事や排泄などで本来もつ能力を発揮することができたと考えます。

（2）事例B

　Bさんは86歳の中等度認知症の女性高齢者。食事は自力摂取可能でしたが中断することが多く部分介助が必要であり、排泄は時間誘導でした。立ち上がり動作は可能でしたが、歩行が不安定で、移動には車いすを使用していま

した。不意に立ち上がる行動がよくみられ（イラスト）、転倒の危険性を理由に車いす用拘束ベルトを使用していました。

　表3のとおり、Bさんの観察結果をPEAPの次元に当てはめ、支援する内容を考えました。「見当識への支援」の次元では、援助者が示す時計を見ることがあったため、時間や居場所を援助者が時計を指し示す発話で伝えることにしました。「機能的な能力への支援」の次元では、食事や義歯の取り外しなどは援助者が促すとできることがあったので、本人が実施できるように積極的に促すことにしました。「環境における刺激の質と調整」の次元で

■表3　Bさんの観察結果と援助

PEAPの次元	観察結果	援助
見当識への支援	・援助者が時計を指して時間を伝えると、時計を見る行動と発話が観察された	・時間や居場所を指し、言葉で伝える
機能的な能力への支援	・食事や口腔ケアは援助者の促しで実施していた	・食事や清潔に関する行動は援助者が促し、本人が行う機会を提供する
環境における刺激の質と調整	・周囲の人に顔を向ける行動が頻回に観察された ・援助者や他の高齢者の関与には喜びの表情。ただし、自宅住所や家族のことを尋ねられると不安そうな表情が観察された ・花の写真は手にとって見るが、施設で行った行事のアルバムは理解できないようであった	・援助者や他の高齢者が個別的、積極的に関与する。花などの小物を使う ・不用意に記憶を確認する話題にならない配慮をする
安全と安心への支援	・見守りやすい場所にいる。普通型車いすを使用 ・滑り座りや体の傾き、体を前後に倒す行動や姿勢を修正する行動が観察された。援助者の誘導で歩行 ・「ご飯の支度に帰る」の言葉や衣服を整える行動とともに立ち上がる行動が観察された	・いすを使用する。姿勢を修正する ・衣服を整える行動等とともに立ち上がる場合は援助者が支持する
生活の継続性への支援	・食事前後におしぼりを繰り返し丁寧にたたむ行動、「ご飯の支度に帰る」などの言葉が観察された	・エプロンやタオルをたたむなど家事に相当する行動の機会をつくる。その際に感謝の言葉を伝える
自己選択への支援	・ユニット内の居場所やいすなどを自ら選択する行動はなく、日中のほとんどを車いす座位で過ごす。ただし、「帰る」などの発話とともに立ち上がる行動が観察された	・反応に応じて家事に相当する行動や小物を選択する ・いすの使用では姿勢を観察し、座り心地を尋ね選択をうながす
入居者とのふれあいの促進	・他の高齢者の関与には喜びの表情を表すが、記憶を確認するような話題になると不安そうな表情になる ・テーブル上の小物（造花）について会話をするときは喜びの表情が観察された	・他の高齢者とのふれあいの場面では小物を用意する ・不用意に記憶を確認する話題にならない配慮をする

注：観察結果の得られた次元のみ表記

Case 8

は、援助者や他の高齢者のかかわりに喜びの表情が観察されましたが、過去の記憶を確認するような質問をすると不安そうな表情になりました。そのため、不用意に記憶を確認するような話題にならないように注意しながら、Bさんが興味を示した花などの小物を使い、援助者や他の高齢者との個別的、積極的なかかわりをもてるように配慮することにしました。「安全と安心への支援」の次元では、援助者が見守りやすい場所にいましたが、普通型車いすを使用し、お尻が前に滑り出したような滑り座り（ずっこけ座り）で体は左右いずれかに傾いていました。「ご飯の支度に帰る」などの言葉やカーディガンを着ようとする行動とともに立ち上がる行動も観察されたため、転落・転倒の危険性があると考えられました。立位可能なことから、いすが使用できると考えて、いすを勧めることにし、立ち上がる行動にはその理由を確認し、必要時には援助者が支持して立位をとるようにしました。「生活の継続性への支援」の次元では、食事前後でおしぼりを繰り返し丁寧にたたむ行動や「ご飯の支度に帰る」などの言葉が観察されたことから、家事に相当する行動の機会が必要と考え、エプロンやタオルをたたむ機会などを提供し、その際には援助者が感謝の言葉をかけて役割を認めるよう配慮することにしました。「自己選択への支援」の次元では、家事に相当する行動に使用する小物を選択するようにし、姿勢の観察と座り心地を尋ねながら、いすか車いすかを選択することにしました。

　BさんにPEAPによって導き出した支援を行ったところ、姿勢の傾きは軽減し、立ち上がる行動はほぼ消失しました。また、不安そうな表情は減少

し、喜びの表情が増加しました。例えば、「もうすぐご飯ですよ」などのスケジュールを伝えるようにしたところ、喜びの表情とともに「そうか、ありがとう」などの応答がありました。また、家事に相当する行動の機会として、援助者が洗濯物をたたむ作業を「仕事があって忙しいから、洗濯物をたたんでほしい」と依頼すると、喜びの表情とともに「ええよ、あんたはあっちで仕事あるだろ」と言い、エプロンやタオルをたたむ行動が観察されました。たたみ方を指導する必要はなく、非常に丁寧にたたんでいました（イラスト）。援助者の「ありがとう」「お世話をかけます」などの言葉には笑顔で「そんなあ、ありがとうなんて」「何枚でもええよ」と応答してくれました。

　Bさんは立ち上がる行動など心理・行動障害のみられる高齢者でしたが、「環境における刺激の質と調整」や「生活の継続性への支援」などを行うことで、安全で安楽な状態になり、さらに家事に相当する行動など本来もつ能力を発揮させることができたと考えます。

（3）事例C

　Cさんは78歳の重度認知症の女性高齢者。食事は自力摂取が可能でしたが、左側空間失認で左側にある皿などが認識できず部分介助が必要でした。排泄は時間誘導でしたが失禁することがありました。移乗・移動動作は全介

Case 8

助でした。他人に大声で暴言をはく、テーブルをたたくことが多いため、援助者は対応に困っていました（イラスト）。

表4のとおり、Cさんの観察結果をPEAPの次元に当てはめ、支援する内容を考えました。「見当識への支援」の次元では、空間や居場所の認知については十分に確認できませんでしたが、窓の外を見る行動が観察されたことから、外の景色が見やすい場所に座ってもらうことにしました。「機能的な能力への支援」の次元では、食事や口腔ケアなどは援助者が促すことで実施できることから、本人が実施する機会を積極的に提供することにしました。「環境における刺激の質と調整」の次元では、特定の男性高齢者を夫の記憶と重ね、怒りの表情や暴言、テーブルをたたくなどが観察されました。一方

■表4　Cさんの観察結果と援助

PEAPの次元	観察結果	援助
見当識への支援	・援助者と他の高齢者の時間に関する話題には反応なく、排泄等は援助者の誘導で行っていた ・窓の外の景色を見る行動が観察された	・窓の外の景色が見える場所に座ってもらう
機能的な能力への支援	・食事や口腔ケアは援助者の促しで実施していた	・食事や清潔に関する行動は援助者が促し、本人が行う機会を提供する
環境における刺激の質と調整	・周囲の人に顔を向ける行動が頻回に観察された ・特定の男性高齢者に怒りの表情、夫との記憶を重ねているような暴言、テーブルをたたく行動が観察された ・援助者や他の高齢者が夫の記憶以外の話題で関与する際には喜びの表情が観察された ・窓の外の景色、テレビや壁飾り（花の写真や絵）を見る行動が観察された	・援助者や他の高齢者が個別的、積極的に関与する。夫の記憶に関する話題にならない配慮をする ・反応を確認しながら花や写真集などをテーブルや周囲に置く ・多くの人の動きが見えない位置、窓に向かって座ってもらう
安全と安心への支援	・見守りやすい場所にいる。滑り座りと体の傾き、体を前後に倒す行動や姿勢を修正する行動が観察された	・いすを使用する。姿勢を修正する
自己選択への支援	・アクティビティケアの場面で車いすのストッパーを触り、移動しようとする行動が観察された ・男性高齢者に対して、夫の記憶を重ね怒りの表情や行動が観察された	・行動を観察し、居場所やアクティビティケアへの参加、小物、いすか車いすの選択をする
入居者とのふれあいの促進	・他の高齢者が夫の記憶以外の話題で関与する際には喜びの表情、うなずく、意味は通じないが応答が観察された。しかし夫との記憶に関する話題や男性高齢者の存在で怒りの表情や行動が観察された	・男性高齢者と同席することは避け、関与できる高齢者と同じテーブルに座ってもらう ・ふれあいのきっかけになる小物を用意する

注：観察結果の得られた次元のみ表記

で、窓の外、テレビや壁飾り（写真や絵など）を見る行動が観察されました。そのため、特定の男性高齢者やその他の多くの人の動きが視界に入らない位置に座ってもらうことにしました。また、会話の際には夫の記憶に関する話題は避け、花やその写真集などを用いて話題を提供することにしました。「安全と安心への支援」の次元では、援助者が見守りやすい場所にいましたが、普通型車いすを使用し、お尻が前に滑り出したような滑り座り（ずっこけ座り）で体が左に傾いていたことから、転落等の危険性が考えられました。体を前後に倒す行動が確認できたことから、いすが使用できると考えて、いすを勧めることにし、必要時に姿勢を修正することにしました。「自己選択への支援」の次元では、アクティビティケアの場面で車いすのストッパーを触り、移動しようとする行動が観察されたため、居場所やアクティビティケアなどでは行動から参加の意向を確認することにしました。また、いすについても姿勢を観察するなどで適切かどうかを確認することにしました。「入居者とのふれあいの促進」の次元では、特定の人だけでなく、その他の男性高齢者とも同席することは避け、夫の記憶に関する話題にならないように、ふれあいのきっかけになる小物を用意しました。

　CさんにPEAPによって導き出した支援を行ったところ、姿勢の傾きは軽減し、怒りの表情、暴言をはく、テーブルをたたく行動が減少しました。また、喜びの表情が増加しました。例えば、援助者の置いた花瓶を話題に、喜

実践編

Case8　重度認知症高齢者への環境づくり　153

びの表情とともに「きれい」の言葉が観察されました（イラスト）。怒りの表情と暴言は少なくなりましたが、その行動がみられた場面では、援助者が「きれいな色のテーブルクロスだね」と言葉をかけると、喜びの表情に変化し、「そうだね」の発話が観察されました。同席した女性高齢者との会話にはうなずいたり、意味は通じていないながらも応答するなどの行動が観察されました。

Cさんは暴言をはく、テーブルをたたく行動など心理・行動障害を有する高齢者でした。しかし、「環境における刺激の質と調整」「入居者とのふれあいの促進」などにより、これらの行動が減少し、援助者との会話や外の景色や花を観賞するなどCさんらしい穏やかな一面を引き出すことができました。

3 環境支援の根拠と効果

このたびの環境づくりでは、言葉による意思確認が困難な認知症高齢者が対象であったことから、支援の手がかり（根拠）と支援の効果を確認するために、ビデオカメラを使用しました。この撮影と映像の使用にあたっては、対象者である高齢者はもとより、映像に映り込むおそれのある他の高齢者、援助者などにも十分な倫理的配慮を行ったことはいうまでもありません。

さて、支援の手がかり（根拠）を得るため、支援前に連続3日間（1日5回、1回10分）にわたり高齢者を撮影し、その映像を事例のケアに携わっている複数の援助者とともに、一人ひとりの高齢者について以下のような項目を観察しました。その結果をPEAPの次元と中項目にあてはめて検討し、環境支援の方法を考えました。

・高齢者：顔の表情（身体的不快感/痛み、不安/恐れ、怒り、喜び）、上下肢や体幹部などの身体行動、姿勢、言葉や顔を向けるなどの対人行動
・その場の環境：家具、小物、他者とのかかわり、居場所、生活スケジュールなど

また、支援の効果を確認するため、支援開始直後からの連続3日間（計画した環境支援の内容を確実に実施した状態）、その1か月後の連続3日間（環境支援の内容を確認・指示することなくありのままの状態）にもビデオ

カメラで撮影しました。支援前、支援直後、その1か月後の3期の映像は10秒を1コマとみなして数値化し（1コマに表情や行動が観察された場合を1、観察されなかった場合を0）、観察したコマ数全体を分母とする出現率を図に表しました。図1に支援前後の表情の変化を示しました。PEAPによって導き出された支援を確実に実施した支援直後では、身体的不快感や痛み、不安や恐れ、怒りの表情が減少し、喜びの表情が増加しました。支援開

■図1　支援前後の表情の変化

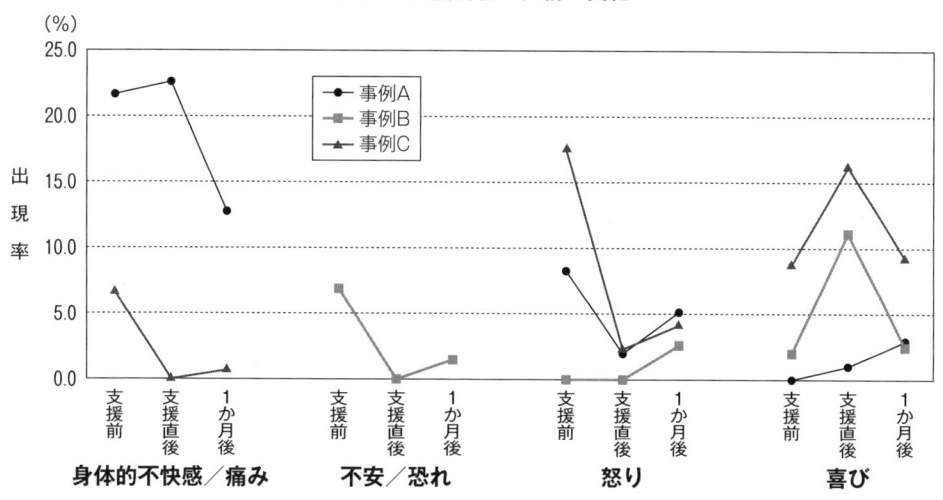

■図2　支援前後の行動の変化

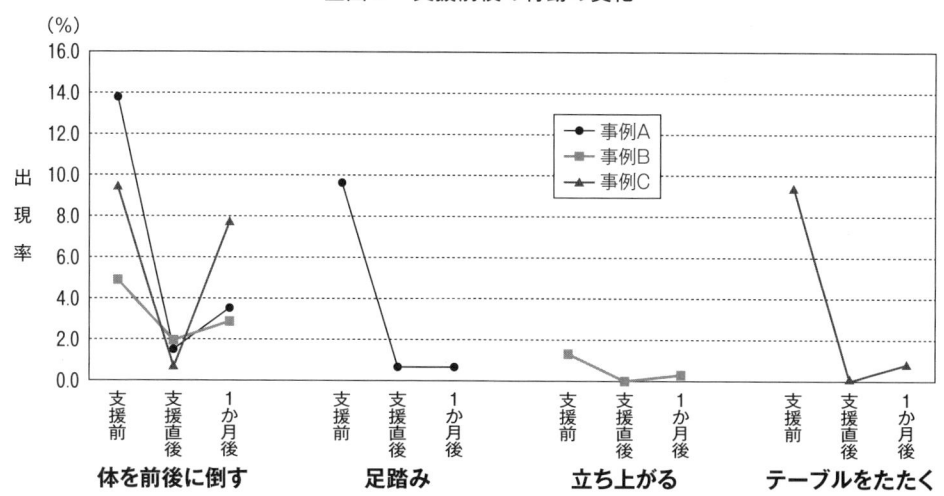

Case8　重度認知症高齢者への環境づくり

始1か月後は支援内容を確認せずにありのままの状況としましたが、概ね改善の傾向がみられました。また、図2に支援前後の行動の変化を示しましたが、支援直後は体を前後に倒す、足踏み、立ち上がる、テーブルをたたく行動は減少し、支援開始1か月後もほぼ同様の結果でした。これらのことから、PEAPによって導き出された支援はいずれの事例にも効果があったと考えられます。

4 まとめ

　重症度の高い認知症高齢者であっても、援助者の丁寧な観察結果を根拠にPEAPの各次元で何が不足しているか、不十分かを考えることで、効果的な支援の方法を見出すことができました。特に、Aさんのように何の反応もないと思われがちな高齢者、またBさんやCさんのように心理・行動障害のある高齢者については、積極的に生活環境支援を行う必要があると考えます。もちろん、高齢者は個別性が高く、紹介した事例と同じ方法を誰にでも適用できるとは限りません。また、予算も人も少なく、環境支援など無理と思われるかもしれません。しかし、環境支援は現在の施設にある人や物を調整するところから始めることができると考えます。その意味では、環境支援は高齢者ケアの担い手である看護・介護職員が中心になって、まずは「できること」を探し、取り組んでもらいたいと思います。

（白井みどり・佐々木八千代）

文献
- 児玉桂子・足立啓・下垣光ほか編『認知症高齢者が安心できるケア環境づくり―実践に役立つ環境評価と整備手法―』彰国社、2009年
- 日本認知症ケア学会編『認知症ケア標準テキスト 認知症ケアの基礎』ワールドプランニング、2007年
- 白井みどり・臼井キミカ・今川真治・荻野朋子・黒田研二「行動分析による痴呆性高齢者の個別的な生活環境評価」『Quality Nursing』Vol.10、No.12、2004年、69～80頁
- 白井みどり・臼井キミカ・今川真治・黒田研二「認知症高齢者の感情反応と行動に基づく個別的な生活環境評価とその効果」『日本認知症ケア学会誌』Vol.5、No.3、2006年、457～470頁

施設環境づくり成功へのキーポイント

ここでは、施設環境づくり支援プログラムの多様な展開や環境づくりの取り組みに活用できる資源の紹介を行い、最後に施設環境づくり成功へのキーポイントをまとめたいと思います。

1 施設環境づくり支援プログラムの多様な展開

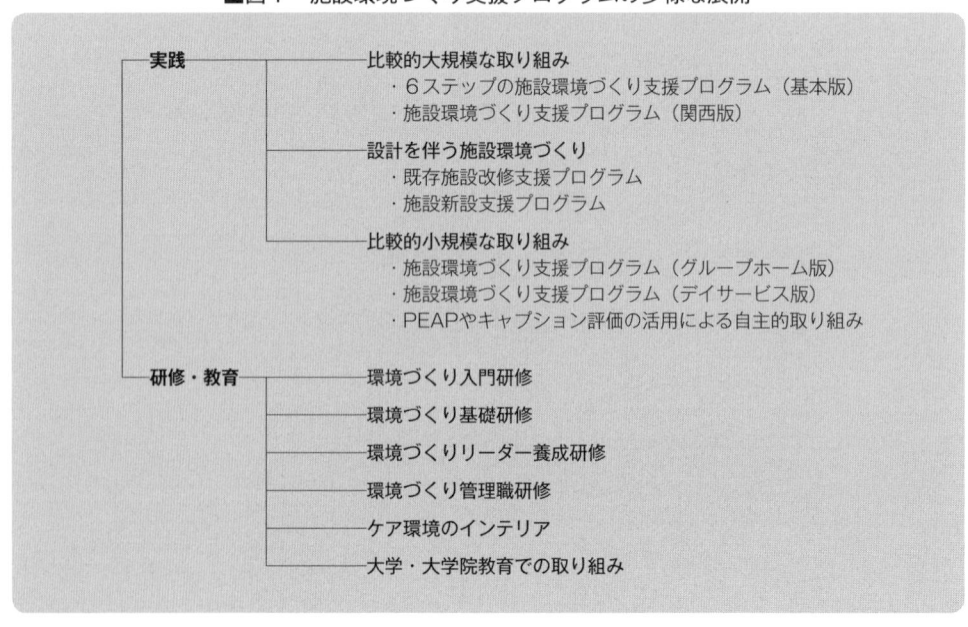

　施設環境づくり支援プログラムは、施設における実践、ケア現場に向けた研修、福祉専門教育において、多様な取り組みが行われています（図1）。

●施設環境づくり支援プログラムを用いた実践
　本書の解説編で取り上げた、「6ステップの施設環境づくり支援プログラム」が基本プログラムといえます。特別養護老人ホームのような比較的大規模な施設で多数の参加者により、施設環境づくりをすすめる場合に適しています。実践編のケース1「特別養護老人ホームにおける施設環境づくり」は、その典型的な実践例です。

　現場職員の工夫による環境づくりが発展して、「既存施設の改修支援プログラム」として、建築家が設計を行い、その設計プロセスや改修後の住みこなし支援を行った事例が、実践編のケース2「従来型特養におけるユニットケアにふさわしい環境づくり」です。施設の改修や新設の場合にも、単なる設計のみでなく、設計＋職員の環境教育を伴うことが施設環境づくり支援プログラムの特徴といえます。

■図1　施設環境づくり支援プログラムの多様な展開

```
実践 ─┬─ 比較的大規模な取り組み
      │   ・6ステップの施設環境づくり支援プログラム（基本版）
      │   ・施設環境づくり支援プログラム（関西版）
      ├─ 設計を伴う施設環境づくり
      │   ・既存施設改修支援プログラム
      │   ・施設新設支援プログラム
      └─ 比較的小規模な取り組み
          ・施設環境づくり支援プログラム（グループホーム版）
          ・施設環境づくり支援プログラム（デイサービス版）
          ・PEAPやキャプション評価の活用による自主的取り組み

研修・教育 ─┬─ 環境づくり入門研修
            ├─ 環境づくり基礎研修
            ├─ 環境づくりリーダー養成研修
            ├─ 環境づくり管理職研修
            ├─ ケア環境のインテリア
            └─ 大学・大学院教育での取り組み
```

グループホームやデイサービスセンターなど、空間の広さや職員数などが小規模な施設では、実践編のケース4「グループホームにおける施設環境づくり」やケース5「認知症対応型デイサービスにおける環境づくり」のように、簡易版のプログラムを工夫して取り組んでいます。このように、施設環境づくり支援プログラムを、個々の施設の状況に合わせて工夫して、テーラード・プログラムとして活用することは望ましいといえます[1]。

●研修・教育への施設環境づくり支援プログラムの適用

本書では詳しく取り上げていませんが、ケア現場での研修や福祉専門教育にも、「施設環境づくり支援プログラム」が多数適用されています（表1）。

講義形式で認知症高齢者への環境支援の視点を学ぶものを「入門研修」、施設環境づくり支援プログラムのステップ1～3に基づき、環境改善の実践手法を演習形式でコンパクトに学習するのを「基礎研修」、ステップ1～6までの学習とそれに基づき実践を行うものを「環境づくりリーダー養成研修」と定義しています。

また、施設環境づくり支援プログラムは、学部や大学院でも、環境を視野に入れた福祉サービスの提供ができる人材育成として取り組まれています。

■表1　施設環境づくり支援プログラムに基づく研修・教育

	内容	研修・教育事例（注1）
入門研修	形式：講義（1～2時間） 目標・内容：認知症高齢者への環境支援指針（PEAP）の学習を通じて、認知症ケアに環境を活かす視点を学ぶ。	・認知症介護研究・研修センターの指導者養成研修 ・川崎市認知症介護実践者研修等
基礎研修	形式：講義＋演習（5～10時間） 目標：自施設で環境づくりができるように、環境づくりの視点と課題解決の手法をコンパクトに学ぶ。 内容：施設環境づくりのステップ1～3のコンパクト版を使用。自施設のキャプション評価を事前に用意して、それに基づき、環境課題の整理、環境づくりの目標設定、環境改善の提案の手法をグループワークで学ぶ。成果の発表を行い、講師が講評を行う。	・東京都や名古屋市の社会福祉協議会による福祉施設職員研修 ・島根県介護研修センターによる認知症ケアと環境研修等
リーダー養成研修	形式：講義＋演習＋施設見学＋実践（24～30時間） 目標：環境づくり手法の学習と環境づくり実践を行い、環境づくりリーダーとしての知識とスキルを身につける。 内容：施設環境づくりのステップ1～6の学習や環境づくり実践施設の見学等を踏まえて、小規模な環境づくりの実践を研修期間中に行う。	・練馬区社会福祉事業団による専門研修 ・大阪府社会福祉協議会によるユニットケア研修（注2の文献参照）等
社会福祉学部や大学院教育	形式：講義＋演習（12～23時間） 目標：ケアと環境を視野に入れた福祉サービスの提供ができるように、環境を変えて、ケアや利用者の暮らしを変える手法を体系的に習得する。 内容：施設環境づくりのステップ1～6、ケア環境のインテリア等について、演習を中心として、体験型授業を行う。	・日本社会事業大学社会福祉学部や同専門職大学院の授業等

注1：研修の事例は、http://www.kankyozukuri.com/に掲載している
注2：大阪府社会福祉協議会『認知症高齢者ケア研修マニュアル―ユニットケアを志向して―』2006年、1～30頁

●施設環境づくり支援プログラムの今後の展開

　現在、本プログラムは認知症高齢者にふさわしいケアと環境の実現のために活用されていますが、子ども、精神障害、知的障害の環境分野でも関心がもたれています。また、これから高齢化を迎えるアジアの国々からも関心が寄せられ、すでに台湾では取り組みが始まっています。このプログラムは、認知症のケア環境に特化したようにみえますが、各分野の福祉サービスに環境を活かす手段として可能性が大いにあるといえます。

2　施設環境づくりの取り組みに活用できる資源

　当初、施設環境づくり支援プログラムは、日本社会事業大学児玉研究室、同大学下垣研究室、和歌山大学足立研究室、大阪市立大学森研究室等の研究者と地域の施設が協力をしてすすめられてきました。しかし、今日では各地のケア現場の方々の環境づくりを支援できるように、施設環境づくり支援ツールや専門家による支援態勢が構築されつつあります（図2）。

■図2　施設環境づくりに活用できる資源

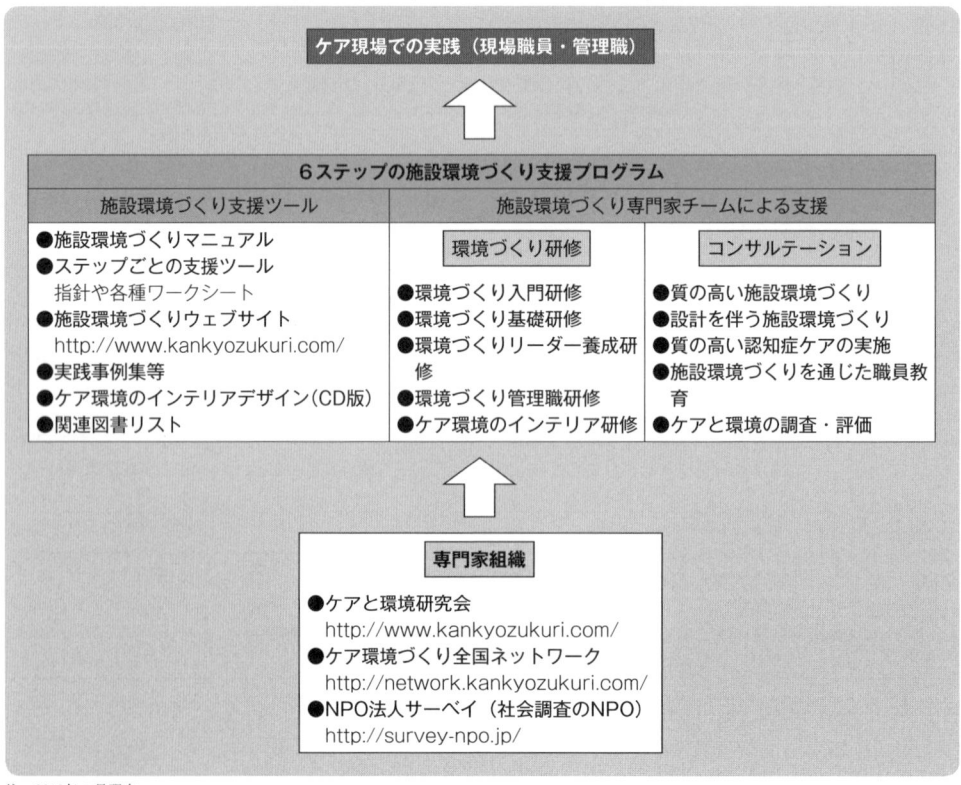

```
              ケア現場での実践（現場職員・管理職）
                           ↑
┌─────────────────────────────────────────────────┐
│         6ステップの施設環境づくり支援プログラム         │
├──────────────────┬──────────────────────────────┤
│ 施設環境づくり支援ツール │    施設環境づくり専門家チームによる支援    │
├──────────────────┼──────────────┬──────────────┤
│●施設環境づくりマニュアル│  環境づくり研修  │  コンサルテーション  │
│●ステップごとの支援ツール│●環境づくり入門研修│●質の高い施設環境づくり│
│　指針や各種ワークシート │●環境づくり基礎研修│●設計を伴う施設環境づくり│
│●施設環境づくりウェブサイト│●環境づくりリーダー養成研│●質の高い認知症ケアの実施│
│　http://www.kankyozukuri.com/│　修         │●施設環境づくりを通じた職員教│
│●実践事例集等          │●環境づくり管理職研修│　育              │
│●ケア環境のインテリアデザイン(CD版)│●ケア環境のインテリア研修│●ケアと環境の調査・評価│
│●関連図書リスト         │             │             │
└──────────────────┴──────────────┴──────────────┘
                           ↑
              ┌──────────────────┐
              │      専門家組織       │
              ├──────────────────┤
              │●ケアと環境研究会      │
              │　http://www.kankyozukuri.com/│
              │●ケア環境づくり全国ネットワーク│
              │　http://network.kankyozukuri.com/│
              │●NPO法人サーベイ（社会調査のNPO）│
              │　http://survey-npo.jp/  │
              └──────────────────┘
```

注：2010年4月現在

●施設環境づくり支援ツール

　実践編のケース3「ショートステイにおける施設環境づくり」、ケース5「認知症対応型デイサービスにおける環境づくり」、ケース6「老健施設における施設環境づくり」、ケース7「老人性認知症疾患治療病棟における環境づくり」は、「施設環境づくり実践ハンドブック」[2)~5)]や関連図書[6)]を参考に、環境づくりの専門家の支援なしに独力で取り組んだ例です。

　今日では、本書に収載されている各種環境づくりツール、そして環境づくりウェブサイトの充実、さらに『認知症ケア環境事典』[7)]などにより、各地の現場で独力で取り組むことが容易になってきたと思います。これらのツールを活用して、各施設にふさわしい環境づくりへと工夫をすることにより、ケアに環境を活かすスキルが確実に身につくと思います。

●施設環境づくり専門家チームによる支援

　施設環境づくり支援ツールを活用して、個々の施設が独自で取り組むことが可能になってきていますが、専門家のアドバイスを受けることにより広い視点で取り組み、新たな解決案を見出すことが可能になります。そうした要望に対して、専門家による施設環境づくり研修やコンサルテーションの態勢を構築しつつあります。

① 施設環境づくり研修

　前述したように専門家による施設環境づくり研修は、入門編から環境づくりリーダー養成まで、段階的な研修プログラムが用意されています。研修は、社会福祉協議会など公共的な機関の要請や時には個々の施設からの依頼により出前講義も実施されています。

② コンサルテーション

　施設環境づくりは、物理的環境・ケア的環境・運営的環境を変えていく大変専門性を求められる取り組みであるともいえます。施設環境づくり支援プログラムは、大学の研究室と地域の施設との共同実践研究としてスタートしましたが、多くの蓄積がなされるようになり、それを活かしたコンサルテーション態勢も構築されつつあります。

　コンサルテーションでは、環境の専門家がかかわることにより質の高い環境づくりや設計が伴う環境づくりへの支援が可能になります。それに加えて、現場職員の環境への気づきや環境づくりスキルを高める環境教育、または認知症ケアへの意識改革の教育を合わせて行う点が特徴といえます。

③ 施設環境づくりの専門家の組織

　高齢者ケアを知らない建築家が設計を行い大変使いにくい施設、またはせっかくの環境を活かしていないケア現場など、環境とケアがバラバラな状況が多く存在しています。残念ながらケアと環境の両方の視点をもち合わせた専門家はまだ大変少ないといえ

ます。

　図2に示す「ケアと環境研究会」は、認知症ケアと環境にかかわる研究者が現場と連携して「施設環境づくり支援プログラム」の開発と実践を行い、その成果を蓄積して、積極的にケア現場の施設環境づくりの支援に取り組んできた組織です。

　「ケア環境づくり全国ネットワーク」は、日本建築学会や日本認知症ケア学会等でケア環境の研究にかかわる研究者が中心となり、ケア環境に関する知見を広く普及させる目的で組織されました。まだメンバーの数は多くありませんが、北海道から九州まで各地でケア環境づくりにかかわった実績があるメンバーから構成されています。

　「NPO法人サーベイ」は、福祉分野での社会調査に取り組む目的でスタートした非営利組織です。施設環境づくりの効果の検証を本格的に行うには専門的なスキルが必要であり、このような組織と連携する必要性は高いといえます。

3　施設環境づくり成功へのキーポイント

　施設環境づくり支援プログラムの各ステップで、重要な点について述べてきました。ここでは、さらに施設環境づくりを成功させるうえで大切な点をまとめてみましょう。

●施設環境づくりの理念や視点の共有

① 暮らしの視点を共有する

　従来の施設の暮らしは自宅の暮らしからかけ離れたものであり、その落差は認知症高齢者に混乱をもたらしてきました。施設環境づくり支援プログラムの目標は、環境を変え、ケアを変え、個々の入居者の暮らしを取り戻していくことにあります。施設環境づくり支援プログラムには、実現したい暮らしのシミュレーション（ステップ3）をはじめとして、どのような暮らしやケアを提供したいかを問いかける工夫が多くされています。単なるきれいな設えづくりに終わらないように、暮らしの視点をしっかり共有して、取り組むことが大切です。

② 暮らしを実現する手段としてPEAPの視点を共有する

　しかし、認知症高齢者に望ましい暮らしについて、日本ではまだ理念や視点の共有がされているとはいいがたい状況です。これに対して、「認知症高齢者への環境支援指針」（PEAP日本版3）は、認知症高齢者にふさわしい暮らしや環境とは何かを気づかせ、さらに具体的な方向性を指し示しています。施設環境づくり支援プログラムでは、ステップ1～6の全プロセスを通じて、PEAPの視点を盛り込み、自然に習得できるように工夫をしています。環境づくりの参加者が、まずPEAPの視点を共有して、環境づくりに取り組むことが大切です。

●利用者の環境づくりプロセスへの参加
① 認知症高齢者等利用者の視点を取り入れる

　本プログラムは、基本的に参加型プログラムであり、環境への気づきをとらえて、改善へのアイディアを広く集める仕掛けが、キャプション評価法や多様な環境づくりツールだといえます。特にキャプション評価法は、施設利用者の環境への気づきをとらえる大変優れた参加型手法です。職員のみでなく、利用者家族やボランティアなど、幅広い利用者の気づきを集めることが、豊かな環境づくりをしていく第一歩となります。

　認知症が比較的軽度なグループホームやデイサービスでは参加が可能なので、実践編のケース4やケース5のように職員が工夫をして認知症高齢者の意見を取り入れることが大切です。

② 多くの職員を巻き込んだ施設環境づくりの推進

　施設環境づくりは、コアメンバーが中心になり、多くの職員を巻き込んですすめることが、新たな環境をケアに活かすうえで重要です。そのために、交代勤務の職員同士に情報が伝わり、役割をうまく分担して取り組める組織づくりが必要です。環境づくりは、現場職員のボトムアップですすめることが望ましいといえますが、施設全体を変えていくためには管理職も知識をもち、役割を果たすことが必要です。環境づくりをすすめる基本的な組織づくりは、施設長等の管理職の役割といえます。

●施設環境づくり支援プログラムの柔軟な活用

　施設の環境は建築面や組織面など多様であり、個々の施設の条件は大きく異なります。本マニュアルの解説編ではステップ1～6で構成される施設環境づくりプログラムを紹介しました。しかし、プログラムは、個々の施設の条件に合わせて、工夫をしてテーラード・プログラムとして柔軟に活用することが望ましいといえます。そのときに、PEAPにより気づきの共有を図ること、その気づきをキャプション評価法でとらえること、この2点はぜひ取り入れることを強く推奨します。

●施設環境づくりの継続

　施設環境づくりは、イベントとして1回のみで終わることなく、適宜見直しがされ、継続されることが大切です。そのためには、①施設の事業計画に取り入れる、②ケアプランに反映させる、③環境づくりの担当を決める、④必要な環境づくり予算を組む等の計画的な取り組みが必要です。

（児玉桂子）

文献

1）児玉桂子研究代表『認知症ケア実践のための施設環境づくりテーラードプログラムの開発と有効性の評価（平成18―19年度科学研究費補助金報告書）』日本社会事業大学、2008年、198～201頁
2）児玉桂子代表「認知症高齢者への環境支援指針（PEAP）を用いた施設環境づくり実践ハンドブックPart 1―6ステップの環境づくり―」日本社会事業大学児玉研究室、2004年、1～24頁
3）「認知症高齢者への環境支援指針（PEAP）を用いた施設環境づくり実践ハンドブックPart 2―事例からみた取り組みの工夫―」日本認知症ケア学会特別重点課題研究「認知症ケア実践のための施設環境づくり」プロジェクト・日本建築学会認知ケア環境小委員会（児玉桂子代表）、2005年、1～36頁
4）児玉桂子・古賀誉章・小島隆矢ほか「認知症高齢者への環境支援指針（PEAP）を用いた施設環境づくり実践ハンドブックPart 3―ワークショップ：環境への気づきを高め、共有する―」日本認知症ケア学会特別重点課題研究「認知症ケア実践のための施設環境づくり」プロジェクト・日本建築学会認知ケア環境小委員会（児玉桂子代表）、2005年、1～23頁
5）児玉桂子・古賀誉章・影山優子ほか「認知症高齢者への環境支援指針（PEAP）を用いた施設環境づくり実践ハンドブックPart 4―施設環境づくりプログラムによる実践とその評価―」日本認知症ケア学会特別重点課題研究「認知症ケア実践のための施設環境づくり」プロジェクト・日本建築学会認知ケア環境小委員会（児玉桂子代表）、2007年、1～23頁
6）児玉桂子・足立啓・下垣光ほか編『認知症高齢者が安心できるケア環境づくり―実践に役立つ環境評価と整備手法―』彰国社、2009年、86～102頁
7）日本建築学会編『認知症ケア環境事典―症状・行動への環境対応Q＆A―』ワールドプランニング、2009年、1～252頁

おわりに

　本マニュアルのもとになった研究と主な参加者は以下のとおりです。ここには、研究者の名前だけをあげていますが、環境づくり実践をともにすすめた多くの高齢者ケア現場の方々や本書に事例や写真を掲載することに理解をいただいた施設利用者やご家族の方々、これらの方々のご協力なくしては本書が世に出ることはありませんでした。また、本研究の意義を評価して、多くの組織から継続的に支援をいただきました。最後に記して、心から感謝を申し上げます。

● **本マニュアルのもととなった研究プロジェクト**

1　『在宅痴呆性高齢者の環境適応の円滑化と介護負担軽減のための居住支援プログラムの開発に関する研究（厚生科学研究費補助金長寿科学総合研究事業平成12―14年度研究報告書）』日本社会事業大学、2001〜2003年

2　『痴呆性高齢者環境配慮尺度（住宅版・施設版）の開発と有効性に関する長期的評価研究（平成11―12年度科学研究費補助金基盤研究（B）（1）研究成果報告書）』日本社会事業大学、2001年

3　『痴呆性高齢者にふさわしい生活環境に関する研究（厚生労働科学研究費補助金効果的医療技術の確立推進臨床研究事業平成13―15年度研究報告書）』日本社会事業大学、2002〜2004年

4　『ケアユニットのインテリアデザイン手法に関する研究（厚生労働科学研究費補助金効果的医療技術の確立推進臨床研究事業平成14・15年度研究報告書別冊）』日本社会事業大学、2004年

5　『認知症高齢者環境支援指針に基づく既存施設の環境改善手法の開発と効果の多面的評価（平成16―17年度科学研究費補助金（基盤研究B）研究成果報告書）』日本社会事業大学、2006年

6　『認知症ケア実践のための施設環境づくりテーラードプログラムの開発と有効性の評価（平成18―19年度科学研究費補助金（基盤研究B）研究成果報告書）』日本社会事業大学、2008年

7　「認知症高齢者に配慮した施設環境づくり支援プログラム」の全国レベルでの普及を目的とした実践研究（平成21年度日本社会事業大学共同研究）2009年

8　「認知症高齢者に配慮した施設環境づくり支援プログラム」の全国レベルでの普及を目的とした実践研究に基づく教材開発（平成22年度日本社会事業大学共同研究）2010年

9　「認知症高齢者への環境支援指針（PEAP）を用いた施設環境づくり実践ハンドブックPart 1―6ステップの環境づくり―」日本社会事業大学児玉研究室、2004年

10 日本認知症ケア学会特別重点課題研究「認知症ケア実践のための施設環境づくり」プロジェクト「認知症高齢者への環境支援指針（PEAP）を用いた施設環境づくり実践ハンドブックPart 2―事例からみた取り組みの工夫―」日本社会事業大学児玉研究室、2005年

11 同プロジェクト「同ハンドブックPart 3―ワークショップ：環境への気づきを高め、共有する―」日本社会事業大学児玉研究室、2005年

12 同プロジェクト「同ハンドブックPart 4―施設環境づくりプログラムによる実践とその評価―」日本社会事業大学児玉研究室、2007年

●施設環境づくり実践研究の主な参加者（順不同、肩書きは参加当時による）

児玉桂子（日本社会事業大学）	舟橋國男（大阪大学大学院）
下垣光（日本社会事業大学）	石川弥栄子（高齢者住宅財団）
古賀誉章（東京大学）	吉田紗栄子（アトリエユニ）
沼田恭子（沼田恭子建築設計事務所）	大島巌（日本社会事業大学）
足立啓（和歌山大学）	赤木徹也（工学院大学）
後藤隆（日本社会事業大学）	神谷愛子（日本社会事業大学）
児玉昌久（早稲田大学）	長倉真寿美（住友生命総合研究所）
潮谷有二（長崎純心大学）	城佳子（早稲田大学助手）
松永公隆（長崎純心大学）	松原茂樹（大阪大学大学院）
小島隆矢（早稲田大学）	青木隆雄（日本社会事業大学大学院）
森一彦（大阪市立大学）	土居加奈子（和歌山大学大学院）
鈴木みな子（浦和大学）	秋葉直子（日本社会事業大学大学院）
影山優子（西武文理大学）	原田奈津子（日本社会事業大学大学院）
大島千帆（早稲田大学）	井澤修平（早稲田大学大学院）
大久保陽子（ケアと環境研究会）	手塚洋介（早稲田大学大学院）
浜崎裕子（久留米大学）	山田クリス孝介（早稲田大学大学院）
加藤悠介（豊田工業高等専門学校）	杉山匡（早稲田大学大学院）
曽思喩（台湾国立雲林科技大学）	平田麗（早稲田大学大学院）

（児玉桂子）

キャプションカード 用紙

写真を貼付け	PEAP 1 見当識 2 機能 3 刺激 4 安全 5 継続性 6 選択 7 プライバシー 8 ふれあい 0 他	○・×・!?　　参加者番号 日時　　No. 場所 利用者・職員・家族・ ほか[　　　]にとっての評価 ということについて と思った すごく・まあまあ・なんとなく そう思った
写真を貼付け	PEAP 1 見当識 2 機能 3 刺激 4 安全 5 継続性 6 選択 7 プライバシー 8 ふれあい 0 他	○・×・!?　　参加者番号 日時　　No. 場所 利用者・職員・家族・ ほか[　　　]にとっての評価 ということについて と思った すごく・まあまあ・なんとなく そう思った
写真を貼付け	PEAP 1 見当識 2 機能 3 刺激 4 安全 5 継続性 6 選択 7 プライバシー 8 ふれあい 0 他	○・×・!?　　参加者番号 日時　　No. 場所 利用者・職員・家族・ ほか[　　　]にとっての評価 ということについて と思った すごく・まあまあ・なんとなく そう思った

サイズ：グループワークではＡ４に拡大して使用
copyright©2010　ケアと環境研究会

PEAPにもとづくキャプションカードの分類シート

1）キャプションカードをもとに、施設環境（場所：　　　　　　　　　）を見つめてみよう。
2）キャプションカードにNo.をつける→該当する次元にNo.を記入（複数次元も可）
3）各次元の総合的な評価を記入

次元＼キャプションカード	○に該当	×に該当	!?に該当	各次元の総合評価 環境支援は十分か、または不足か
見当識への支援 入居者の見当識を物理的・社会的・時間的に支援				
機能的な能力への支援 日常生活における自立活動を維持・継続する				
刺激の質と調整 入居者の適応を助け、ストレスにならない刺激の質を確保して、調整する				
安全と安心への支援 安全を脅かすものを最少にして、安全を最大に				
生活の継続性 個人的なものの所有、非施設的な環境づくり				
自己選択への支援 物理的環境や施設の方針によって入居者の自己選択を図る				
プライバシーの確保 入居者のニーズに対応し一人になったり、他との交流が選択的に図れる				
ふれあいの促進 社会的な接触と他者との交流の促進				
その他 上記に当てはまらないもの				

サイズ：グループワークではＡ３に拡大して使用、キャプションの写真を縮小して貼り込むときはＡ１に拡大
copyright©2010　ケアと環境研究会

環境の課題シート

作業日付 _____

順位	課　題	場　所							
1									

※「課題」欄は、付箋に書きだした環境の課題を優先順位の順番に貼り込みます。
※「場所」欄の右側は「場所」欄に記された場所名を自ら記し、該当する場所に○をつけることで、「場所」欄に書かれた内容をわかりやすく整理します。

サイズ：グループワークではＡ３に拡大して使用
copyright©2010　ケアと環境研究会

目標設定シート

1. 環境づくりをする場所はどこですか？
環境づくりをする場所は_____です。
この場所の選んだ理由は、_____だからです。

2. 誰のためにやるんですか？
私たちは、その場所を_____にとって、

3. で、どんな「環境」にしましょうか？
_____ような「環境」にします！

サイズ：グループワークではＡ３に拡大して使用
copyright©2010　ケアと環境研究会

暮らし方シミュレーション・シート

日中

夕方

朝

夜

環境づくりをする場所

こんなふうに過ごしてみたいなぁ…

こんなふうに過ごしてほしいなぁ（家族）

こんなふうに過ごしてほしいなぁ（職員）

サイズ：グループワークではＡ３に拡大して使用
copyright©2010 ケアと環境研究会

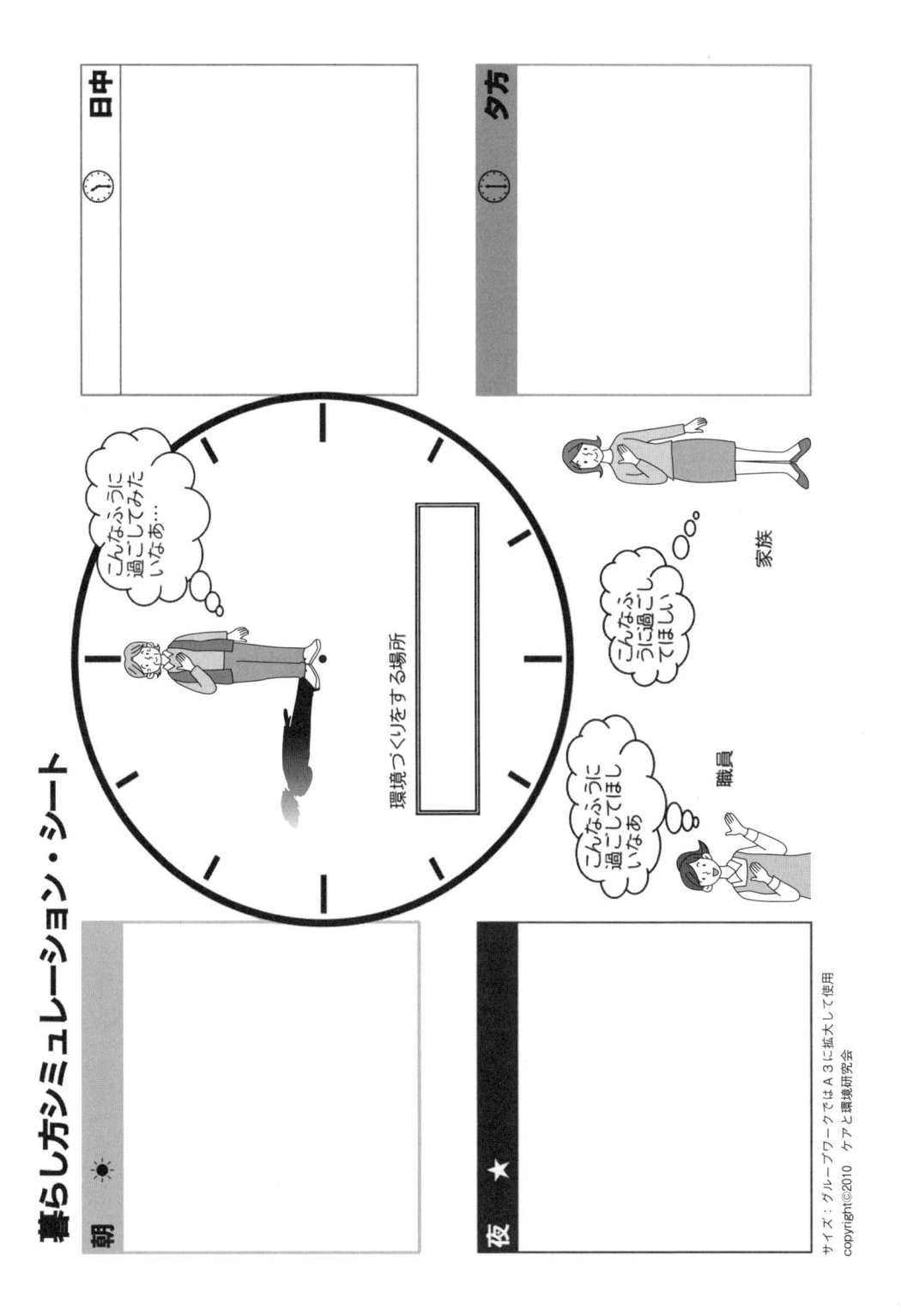

環境づくりアイディアシート

NO. _____　　グループ名 _____

年　月　日

環境づくりをする場所は_____です。私たちはその場所を_____にとって、_____な「環境」にします！

	環境づくりへの実行しやすさ		
	実行しやすい ←		→ 実行しにくい
見当識への支援について (入居者の見当識を物理・社会・時間的に支援する)			
機能的な能力の支援について (日常生活における自立活動を維持・継続する)			
刺激の質と調整について (入居者の適応を促したり順性に働きかけたりする刺激、ストレスにならない刺激の質を確保し調整する)			
安全と安心の支援について (安全を脅かすものを最小限にし、安心を最大限に高める)			
生活の継続性について (個人的な物の所有、非施設的環境づくり)			
自己選択の支援について (物理的環境や施設方針によって入居者の自己選択が図れるような支援)			
プライバシーの確保について (入居者のニーズに対応して、ひとりになったり、他との交流が選択的に図れるような状況づくり)			
ふれあいの促進について (社会的接触と他社との相互作用の促進)			
8次元以外の項目			

※左端の縦帯：PEAPの8次元

アイデアの色分け　　物理的環境〔　　〕　ケア的環境〔　　〕　運営的環境〔　　〕

サイズ：グループワークではＢ２に拡大して使用
copyright©2010　ケアと環境研究会

実施条件の検討シート

アイディア	実行のしやすさ ○しやすい △ ×しにくい	波及効果 ○高い △ ×低い	必要条件の整理 ・暮らし・ケアからの要件 ・物理的要件 ・運営的要件	対応の方法 物理的対応 工夫	購入	工事	ケア的対応	運営的対応
(1)								
(2)								
(3)								
(4)								
(5)								
(6)								

サイズ：グループワークではＡ４に拡大して使用
copyright©2010　ケアと環境研究会

環境づくり振り返りシート

年　月　日

1．課題の整理 （キャプション評価）	カードNO	場所	評価	ということについて	と思った
	（課題の整理）					
2．目標設定	
3．暮らしのイメージ	
4．環境づくりアイディア	
5．環境づくりの内容	

6．評価 PEAP：環境づくりの事前・事後の環境をPEAPの次元により評価する。関連しない次元は空けておく。 ○：満足 ×：不満 !?：どちらともいえない	PEAP		事前	事後	環境づくり後にどのように変わったかを記す
		1．見当識			
		2．機能的能力			
		3．刺激の質と調整			
		4．安全と安心			
		5．生活の継続性			
		6．自己選択			
		7．プライバシー			
		8．ふれあいの促進			
	利用者の声				

7．今後の課題	

サイズ：グループワークではA4に拡大して使用
copyright©2010　ケアと環境研究会

編者紹介

児玉　桂子（こだま・けいこ）
東京都老人総合研究所を経て、日本社会事業大学社会福祉学部教授、工学博士。ケアと環境研究会代表。専門は高齢者の居住環境の評価と計画。近年は国内や台湾において、認知症ケア環境づくりに現場の方々と精力的に取り組む。著書は『認知症高齢者が安心できるケア環境づくり』（彰国社、2009年）、『高齢者が自立できる住まいづくり』（彰国社、2003年）、『超高齢社会の福祉居住環境』（中央法規出版、2008年）等。

古賀　誉章（こが・たかあき）
中村勉総合計画事務所を経て、東京大学大学院工学系研究科特任助教、博士（工学）、一級建築士。環境心理学・建築計画学を専門として、高齢者・子ども等の環境の研究と設計を行う。キャプション評価法の開発者のひとりであり、マザアス東久留米、かみさぎホーム等の改修設計や環境づくりに取り組む。

沼田　恭子（ぬまた・きょうこ）
内藤廣建築設計事務所を経て、沼田恭子建築設計事務所を主宰、一級建築士、東京有明医療大学講師。ケアと環境研究会、NPO法人高齢社会の住まいをつくる会、認知症高齢者の住まいの工夫研究会の中心メンバーとして、豊富な設計経験を活かして高齢者の住まいや認知症ケア環境づくりに活躍する。練馬区社会福祉事業団富士見台特養、田柄特養の改修設計・指導を行う。

下垣　光（しもがき・ひかる）
聖マリアンナ医科大学で認知症デイケアの先駆的な実践を行った後、日本社会事業大学社会福祉学部准教授。専門は老年心理学・認知症ケア。認知症高齢者への環境支援指針PEAP日本版の開発に取り組んで以来、環境を活かした認知症ケアの研究と実践に取り組む。著書は『認知症高齢者が安心できるケア環境づくり』（彰国社、2009年）、『介護福祉士のための教養学1　介護福祉のための心理学』（弘文堂、2007年）、『新・介護福祉士養成講座12　認知症の理解』（中央法規出版、2009年）等。

執筆者一覧

大久保　陽子（ケアと環境研究会）
鍛川　薫（株式会社ウイズネット）
加藤　悠介（豊田工業高等専門学校建築学科助教）
古賀　誉章（東京大学大学院工学系研究科特任助教）
児玉　桂子（日本社会事業大学社会福祉学部教授）
小森　雅子（特別養護老人ホームマザアス東久留米副施設長）
佐々木　八千代（園田学園女子大学人間健康学部人間看護学科講師）
下垣　光（日本社会事業大学社会福祉学部准教授）
白井　みどり（大阪市立大学大学院看護学研究科教授）
髙橋　澄一（北新宿特別養護老人ホームかしわ苑）
沼田　恭子（沼田恭子建築設計事務所）
万澤　真治（老人保健施設ケア・サポート新茶屋介護部長）
三田　千裕（特別養護老人ホームマザアス東久留米）
宮川　利恵（デイサービスセンターマザアス氷川台）
村岡　亜衣（デイサービスセンターマザアス氷川台）
村山　憲男（順天堂東京江東高齢者医療センター）
矢島　美由紀（特別養護老人ホームマザアス東久留米介護課長）
横山　亮太（特別養護老人ホーム清雅苑相談支援課係長）

PEAPにもとづく
認知症ケアのための施設環境づくり実践マニュアル

2010年8月1日　初版発行
2017年9月10日　初版第5刷発行

編　集…………児玉桂子・古賀誉章・沼田恭子・下垣光
発行者…………荘村明彦
発行所…………中央法規出版株式会社
　　　　　　〒110-0016　東京都台東区台東3-29-1　中央法規ビル
　　　　　　営　　業　TEL 03-3834-5817　FAX 03-3837-8037
　　　　　　書店窓口　TEL 03-3834-5815　FAX 03-3837-8035
　　　　　　編　　集　TEL 03-3834-5812　FAX 03-3837-8032
　　　　　　https://www.chuohoki.co.jp/
印刷・製本……長野印刷商工株式会社
装丁・本文デザイン…株式会社ジャパンマテリアル／佐藤朋宏

定価はカバーに表示してあります。
本書のコピー、スキャン、デジタル化等の無断複製は、著作権法上での例外を除き禁じられています。また、本書を代行業者等の第三者に依頼してコピー、スキャン、デジタル化することは、たとえ個人や家庭内での利用であっても著作権法違反です。
ISBN978-4-8058-3345-2
落丁本・乱丁本はお取り替えいたします。